Kalabrien

W0361259

Peter Amann

Inhalt

Erläuterung der Symbole

Für Familien mit Kindern besonders geeignet

Diese Unterkünfte haben behindertengerechte Zimmer

In diesen Unterkünften sind Hunde erlaubt

CREDIT *Alle Kreditkarten werden akzeptiert*

Keine Kreditkarten werden akzeptiert

Preise für eine Übernachtung für zwei Personen im Doppelzimmer inklusive Frühstück:

●●●● *ab 120 €* ●● *ab 30 €*
●●● *ab 60 €* ● *bis 30 €*

Preise für ein Menü mit Vorspeise und Dessert, ohne Getränke:

●●●● *ab 35 €* ●● *ab 15 €*
●●● *ab 25 €* ● *bis 15 €*

Karten und Pläne

Die Buchstaben-Zahlen-Kombinationen im Text verweisen auf die Planquadrate der Karten, z. B.

→ S. 119, F 7 Kartenatlas
→ S. 57, b 2 Detailkarte innen
→ Umschlagkarte hinten, c 3

Kalabrien stellt sich vor

Der Küstenturm von San Nicola Arcella wacht heute über die friedliche Invasion von Fischer- und Ausflugsbooten.

Kalabrien ist einsame Spitze! Das Stiefelende Italiens steckt voller Überraschungen. Zwischen den beiden Meeren kann man das Bergland mit seiner intakten Natur entdecken – und viel Kultur.

Geografisch betrachtet mag Kalabrien das »Ende« Italiens sein, was aber nichts an der Tatsache ändert, dass der Ursprung des Begriffs Italien in Kalabrien liegt. Dieses Paradox erklärt sich schnell. Die antiken Griechen nannten das heutige Kalabrien in Erinnerung an den mythischen Italos, einen Enkel des Odysseus und König am Golf von Squillace, »Italia«, und erst während byzantinischer Herrschaft wurde die Bezeichnung »Calabria« von der salentinischen Halbinsel in Apulien, der sie ursprünglich angehörte, auf die Stiefelspitze übertragen.

Wenigen Regionen Italiens wird mit größeren Vorurteilen begegnet als Kalabrien. Und wenn 1806 der französische Reisende De Lesser schrieb: »Europa endet in Neapel, und selbst da endet es ziemlich schlecht. Kalabrien, Sizilien, der ganze Rest ist Afrika«, so spricht er den norditalienischen Separatisten von heute aus der Seele. Kalabrien ist eine Region, die alle Höhen und Tiefen der Geschichte mitgemacht hat, aber Kalabrien ist auch der menschlich warme Süden Italiens mit einer Gastfreundschaft, die häufig beschämt. Und schließlich besitzt Kalabrien Reichtümer, die wirtschaftlich entwickeltere Regionen des Nordens längst verloren haben: eine immer noch gesunde Natur, Raum, Zeit und Ruhe.

Natur, Zeit und Ruhe

Seit einigen Jahren besinnt sich Kalabrien auf sein eigentliches Kapital: eine weitgehend intakte Natur im Landesinneren (drei Nationalparks) und trotz einiger Bausünden eine immer noch traumhafte Küste, genuine landwirtschaftliche Produkte und eine hervorragende Küche, ein Handwerk, das noch nicht ausgestorben ist, lebendiges Brauchtum und die natürliche Gastfreundschaft der Kalabresen. Der Agritourismus hat inzwischen Schule gemacht, und landauf landab bieten sich liebevoll restaurierte Bauernhäuser, Gutshöfe oder Adelsvillen als ideale Urlaubsquartiere an. Hier kommt man auch in den echten Genuss kalabrischer Küche. Kalabrien bietet für jeden Reisenden etwas, ob stressfreien Badeurlaub am Meer, sportlichen Aktivurlaub oder das Eintauchen in ein lebendiges und nie langweiliges Süditalien vom Feinsten.

Der Anbau der Zedrat-Zitronen ist mühsame Handarbeit.

Die hundert Gesichter Kalabriens

Zwei gegensätzliche Küsten prägen die weit nach Süden vorgestreckte Stiefelspitze. Die offenen, weit gespannten, flachen und einladenden Strände am Ionischen Meer weisen nach Griechenland. Im Westen treten die Gebirge bis nahe ans Tyrrhenische Meer heran und stemmen sich mit Steilküsten, zauberhaften Buchten und vorgelagerten Inseln Wind und Wellen entgegen. Zu Recht wird deshalb Kalabrien mit seiner insgesamt 780 km langen Küstenlinie in den Katalogen der Veranstalter als ein Badeparadies angepriesen. Das Capo Vaticano und Scilla sind angesagte Surfspots, Tauchern eröffnet sich in beiden Meeren eine faszinierende Unterwasserwelt. Es ist aber auch ein Hügel- und Gebirgsland, und lediglich neun Prozent der 15 000 qkm Gesamtfläche sind Ebenen, doch kein Ort ist mehr als 50 km vom Meer entfernt. In seiner Vielgestaltigkeit bietet Kalabrien eine Synthese fast aller Landschaftsformen Italiens. Im Norden an der Grenze zur Basilicata erhebt sich das dolomitische Kalksteinmassiv des Pollino, seit 1994 als Nationalpark geschützt, mit der Serra Dolcedorme als höchster Erhebung (2266 m). Nach Osten öffnet sich die Piana di Sìbari zum Ionischen Meer, während die Catena Paolana unmittelbar an das Tyrrhenische Meer heranreicht. Im Zentrum der Region erhebt sich das Hochplateau der Sila mit sanften Bergkuppen, ausgedehnten Wäldern und Seen, ein Stück Skandinavien im Süden Europas. Nach Süden fällt die Sila zum Isthmus von Catanzaro ab, der mit 30 km schmalsten Stelle des italienischen Stiefels. Waldreich sind auch die aus Granit aufgebauten Serre, deren westlichster Ausläufer spektakulär am Capo Vaticano endet. Die eigentliche Stiefelspitze nimmt der Aspromonte ein, der 1994 zum Nationalpark erklärt wurde. Tief zerfurchte Flanken fallen zu allen Seiten hin ab, mit hohen Wasserfällen stürzen die Flüsse wuchtig zu Tal, und mit kilometerbreiten Kiesbetten öffnen sich die »Fiumare« dem Licht. Trekking, wie hier zu Lande Wandern mit einem Ruch von Abenteuer genannt wird, findet auch unter den Kalabresen immer mehr Anhänger.

Magna Graecia und der Glanz von Byzanz

Durch Funde in Scalea, Práia a Mare und in der Grotta del Romito konnte die Besiedlung Kalabriens seit der Altsteinzeit nachgewiesen werden. Die Einwanderung der Griechen im 8. Jahrhundert v. Chr. tauchte Kalabrien endgültig in das goldene Licht der Geschichte. Bauliche Zeugnisse haben sich kaum erhalten. Doch Griechenland lebt in Kalabrien bis auf den heutigen Tag in Sprache, Brauchtum und seinen Kulten fort.

Nach dem Verfall des Weströmischen Reiches gelang es Byzanz Mitte des 6. Jahrhunderts, seinen Einfluss auf Süditalien auszudehnen. Rossano, Santa Severina, Stilo und Gerace bergen zahlreiche Kirchen und Kunstschätze dieser Epoche. Einige der schönsten Zeugnisse byzantinischer Kultur stammen allerdings erst aus der Zeit normannischer Herrschaft, die dem Süden Italiens seine politische Einigung und eine Phase der Sicherheit und Toleranz bescherte. Kaiser Friedrich II. trat in Süditalien das Erbe der Normannen an, mit seinen Festungen hat er der Landschaft seinen Stempel aufgedrückt.

Nach Friedrichs Tod und dem Ende der Staufer geriet Kalabrien in die sich über 200 Jahre hinziehenden kriegerischen Wirren zwischen Anjous und Aragonesen um die Herrschaft

Süditaliens. Während es den Anjous zunächst gelang, sich in Neapel zu etablieren, fiel Sizilien an Aragon, und Kalabrien verlor damit seine Rolle als verbindende Landbrücke.

»Mamma, li turchi!«

Immer mehr geriet es zur entlegenen Provinz des Königreichs Neapel. Kalabrien wurde zusehends zum Spielball europäischer Mächte, und die Feudalherren trachteten meist nur nach der eigenen Bereicherung. 1442 geriet es unter die Herrschaft des spanischen Hauses Aragon, 1503 wurde es dem Reich Karls V. einverleibt. Im Krieg gegen Karl V. verbündete sich der französische König Franz I. mit Suleiman dem Prächtigen. Frucht dieser unheiligen Allianz war ein Piratenkrieg bisher unbekannten Ausmaßes, und Kalabrien gehörte zu den Hauptleidtragenden. Der Hilferuf »Mamma, li turchi!« bleibt in Süditalien bis heute unvergessen. Um dieser Gefahr besser zu begegnen, ließ der spanische Vizekönig Don Pedro de Toledo das System der Wachtürme aufbauen, die man heute noch entlang der Küsten stehen sieht.

Städte im Aufbruch

Bedrohung durch Piraten, Erdbeben, Malaria, Pest und die extreme wirtschaftliche Not der landlosen Bevölkerung waren die Wurzel des Brigantenwesens und Anlass zahlreicher blutiger Bauernrevolten. Die Tragik Kalabriens lag und liegt darin, dass das hoffnungslos überkommene feudale Gesellschaftssystem des Großgrundbesitzes erst in den 1950er-Jahren halbherzig abgeschafft wurde. Wie auch die Griechen der Antike, haben viele Kalabresen Ende des letzten Jahrhunderts und bis in die 1980er-Jahre ihr Heil in der Emigration gesucht. Ausdruck dieser tiefen Gesellschaftskrise und Symptom eines nicht funktionierenden Staates ist die »Ndrangheta«, eine der berühmt-berüchtigten Verbrecherorganisationen Süditaliens.

Doch längst wächst eine junge Generation heran, die sich mutig und engagiert für eine neue Zukunft der alten Heimat einsetzt. Langsam spricht es sich herum, dass Cosenza, Crotone und Reggio di Calabria Städte im Aufbruch sind.

Die Kathedrale von Gerace beeindruckt schon von außen durch ihre schiere Größe.

Gewusst wo ...

In Morano Calabro, einem der schönsten Orte Kalabriens, wird im Herbst ein Fest zu Ehren des heiligen Pio gefeiert.

Kalabrien ist als Badeparadies bekannt.
Die Gastfreundschaft, die gelebten Traditionen
und die kulinarischen Genüsse des Landes
werden Sie zudem begeistern.

Übernachten

Egal, welche Unterkunft man wählt – der Gast wird in Kalabrien immer herzlich aufgenommen.

Ehemalige Adelspaläste voller Atmosphäre öffnen Urlaubsgästen immer öfter ihre Pforten, wie hier in Cirella das Hotel Ducale.

Die Auswahl an Privatzimmern, Hotels, Ferienclubs, Agriturismi und Campingplätzen ist in Kalabrien recht gut, doch den zuständigen Behörden will es selten gelingen, die Unterkunftsverzeichnisse immer aktuell zu halten.

Grundsätzlich gilt: Ende Juli und August, wenn alle Italiener ihren Urlaub am Meer verbringen, muss man rechtzeitig buchen und sich auf gesalzene Preise einstellen.

Zahlreiche Campingplätze finden sich entlang der Küste, die meisten sind von Ostern bis Ende September geöffnet und haben einen direkten Zugang zum Meer.

Eine weitere Form der günstigen Unterbringung sind Privatzimmer (»**affita camere**«). Die gehobene Alternative heißt auch in Kalabrien **Bed & Breakfast**, das bedeutet im besten Fall den Komfort eines Hotels, gepaart mit persönlicher Atmosphäre und Einblick in den Alltag der Gastfamilie (www.anbba.it). Alternativ-touristische Initiativen in der Area Grecanica des Aspromonte organisieren Übernachtungen in Privathäusern (→ Routen und Touren, S. 96).

Hotels und Ferienclubs

Am Meer gibt es unzählige Hotels, aber nicht alle versprechen ungetrübte Urlaubsfreuden. Die in Sternen ausgedrückte Hotelkategorie erlaubt nicht immer einen Rückschluss auf das Ambiente, und viele dieser Häuser sind nur auf italienisches Publikum mit einer entsprechend kurzen Sommersaison eingestellt.

Eine Reihe gut geführter Hotels, häufig auch von den Veranstaltern gebucht, hat im letzten Jahrzehnt auf der Halbinsel des Capo Vaticano aufgemacht. Unter professioneller Führung stehen die Ferienclubs am Meer, häufig mit deutschsprachigem Personal, Kinderbetreuung und Sportmöglichkeiten.

MERIAN-Tipp

1 Hotel Barbieri

Vom Hotel Barbieri aus (→ S. 32) genießt man einen herrlichen Blick auf den Ort Altomonte (→ MERIAN-TopTen, S. 31). In den mit viel Gusto renovierten alten Häusern im historischen Zentrum befindet man sich mitten im beschaulichen Leben des hübschen Städtchens, und von den Balkonen und Dachterrassen lernt man schnell seine neuen Nachbarn kennen. Enzo Barbieri hat die Apartments mit jeglichem Komfort ausgestattet, seine Gäste empfängt er weiterhin gerne in seinem ausgezeichneten Restaurant – ebenfalls mit Blick auf die Altstadt von Altomonte ...

Via San Nicola 30, c/o Hotel Barbieri – 87042 Altomonte; Tel. 09 81 94 80 72, Fax 09 81 94 80 73; www.casabarbieri.it
●●● bis ●●●● CREDIT → S. 116, B 3

Urlaub auf dem Lande

Wer mit eigenem Fahrzeug durch Kalabrien reist, findet in den »**agriturismi**« häufig das mit Abstand beste Preis-Leistungs-Verhältnis und ein ausgezeichnetes Essen. Es können Bauernhöfe, alte Gutshöfe oder auch Sommersitze des Adels sein. Kinder sind hier immer willkommen.

Die Agriturismo-Betriebe haben sich in Dachverbänden zusammengeschlossen: Agriturist (www.agriturist.it), Terranostra (www.terranostra.it) und Turismo Verde (www.turismoverde.it).

Ausgewählte Agriturismo-Adressen werden in der Publikation »Landurlaub in Italien« (Landschriften-Verlag, Bonn) vorgestellt.

Empfehlenswerte Hotels und andere Unterkünfte finden Sie jeweils bei den Orten im Kapitel »Unterwegs in Kalabrien«.

Essen und Trinken

Rot und so scharf wie Feuer – die Peperoncini. Die anderen Erzeugnisse sind so vielfältig wie das Land.

»Cucina rustica« – Knoblauch und Peperoncini sind nicht nur dekorative Pflanzen, sie geben vielen kalabrischen Spezialitäten auch die spezielle Würze.

Glaubt man den Wirtschaftsstatistiken, so ist Kalabrien eine arme Region. Sobald es aber ums Essen geht, kann ihr so schnell keine das Wasser oder den Wein reichen. Hartweizen, Olivenöl und Wein geben seit der Antike den Grundton in der Küche an. Die ersten Zitrussorten gelangten bereits im Altertum nach Kalabrien, die Aubergine brachten die Araber aus Indien mit. Tomaten und Paprika aus der Neuen Welt haben dank der Spanier schnell eine neue Heimat im Süden Italiens gefunden, und nur wenige wissen, dass auf der Hochebene der Sila auch hervorragende Kartoffeln gedeihen.

Regiert wird die kalabrische Küche seit dem 17. Jh. vom Peperoncino **»capsicum frutescens«**. Der Philosoph Tommaso Campanella hat als einer der Ersten über die medizinische Wirkung des südamerikanischen Nachtschattengewächses geschrieben, auf dessen aphrodisische Wirkung heute noch jeder Kalabrese schwört. Giacomo Casanova, eine Autorität auf diesem Gebiet, hat seine heiße Schokolade mit Peperoncino getrunken. Liebe geht eben durch den Magen.

Die **Accademia del Peperoncino** in Diamante (→ S. 39) betreibt das Studium der scharfen Schote (botanisch eine Beere!) in Theorie und Praxis. Gegen einen Obolus kann hier jeder zum Akademiker in Sachen Peperoncini werden, die »Arbeitsessen« sind das kulinarische Pendant eines Feuerwerks (www.peperoncino.org).

... und eine Prise Meer

Kalabrien ist ein Gebirgsland umgeben vom Meer. Diese Einflüsse spiegeln sich auch in der Küche wider. Ein **»antipasto«** kann ein Teller mit aufgeschnittener Wurst, Schinken, würzigem Käse, Oliven und in Öl eingelegtem Gemüse sein. Am Meer bekommte man gratinierte Muscheln, in Zitronensaft gebeizte Sardellen oder den »Kaviar des Südens« als Vorspeise aufgetischt. An der tyrrhenischen Seite **»rosamarina«** und an der ionischen Küste **»mustica«** genannt, handelt es sich hierbei um ganz junge Fische (**»neonati«**), die an der Sonne getrocknet und mit Peperoncino und Olivenöl zu einer feurigen Paste verarbeitet werden.

Eine handgemachte Pasta ...

Klassisch: als **»primo«** (erster Gang) Pasta. Zu Hause, aber auch in vielen Lokalen wird die Pasta immer noch von Hand gemacht. Für die klassischen **»maccaruni i casa«** oder **»fileja«** wird das Hartweizenmehl mit Wasser zu einem Teig geknetet und um eine dicke Stricknadel gerollt. Dazu gibt es Auberginen- oder Fleischsaucen. Nudeln werden in Süditalien seit dem frühen Mittelalter gegessen, womit der Glaube, Marco Polo hätte sie aus China nach Italien importiert, zusammen mit anderen seiner abenteuerlichen Erzählungen in das Reich der Fabel verwiesen werden kann.

Doch nicht nur Pasta, auch Suppe kann in Kalabrien als erster Gang auf den Tisch kommen. Etwa **»macco«**, eine dick eingekochte Suppe aus getrockneten Bohnen, oder die **»millecosedde«**, eine Art Minestrone mit vielerlei Gemüse.

Nach Weihnachten werden Schweine geschlachtet, in vielen Bergorten Kalabriens immer noch ein zentrales Ereignis im Ablauf des Jahres. Fleisch und Speck verarbeitet man zusammen mit Peperoncini zu Wurst, das Blut wird mit Milch, Kaffee, Zucker, Kakao, Zimt und Nelken zu einer süßen Creme gerührt. Wird zum **»secondo«** (zweiter Gang) Fleisch gereicht, ist es meist Zicklein oder Lamm. Als Wild kann Wildschwein oder Kaninchen den Hauptgang bestreiten. Auch Vegetarier müssen nicht darben. Köstlich sind die im Tontopf lange geschmorten Gemüse und Pilze, die in unendlicher Vielfalt als **»contorno«** (Beilage) zubereitet werden. Kein Ort in Kalabrien ist so weit vom Meer entfernt, dass es keinen frischen Fisch gäbe, im Landesinneren erhält man darüber hinaus köstliche Forellen. In den Sommermonaten wird im Stretto Jagd auf den Schwertfisch gemacht.

Der **»pesce spada«** kann **»alla ghiotta«** (mit Oliven, Kapern und Tomaten), **»alla bagnarese«** (mit Öl, Zitrone, Kapern, Petersilie und Oregano) oder **»al salmoriglio«** (gegrillt mit einer Sauce aus Öl, Zitronensaft, Oregano und einem Tropfen Meerwasser) genossen werden. Wie in Messina versteht man sich auch in Reggio auf eine besonders delikate Zubereitung des **»baccalà«** (Stockfisch). Den **»fritto misto«** nennt man im Süden **»frittura di paranza«** (alles, was im Netz hängen bleibt).

Süßer Nachtisch

Wenn auch einige Lokale konfektioniertes Eis als **»dolce«** (Nachtisch) anbieten, so hat man doch manchmal Glück und stößt auf köstliche Dessertkreationen wie mit Mandeln oder Nüssen gefüllte Feigen, **Crostata** oder mit frischen Waldfrüchten zubereitete Cremes. In ganz Italien berühmt ist das **»gelato«** der Eisdielen in der Provinz Reggio. **»Granita«**, das erfrischende Fruchtsorbet mit dem Aroma von Kaffee, Maulbeeren oder Zitronen, ersetzt im Sommer sogar ein Frühstück, das in vielen Hotels übrigens längst üppiger ausfällt als noch vor ein paar Jahren. Die Frühstücksgewohnheiten der Gäste aus dem Norden haben sich langsam herumgesprochen.

Die Griechen der Antike nannten das heutige Kalabrien »Oinotria«, Weinland. Der Wein von »Krimisia« wurde im Altertum hoch geschätzt und den Athleten der Olympischen Spiele als Siegespreis gereicht. Die bekanntesten der DOC-Weine sind jene von Cirò, die das Erbe von »Krimisia« angetreten haben, gekeltert wird seit der Antike die rote Gaglioppo-Traube. Aus angetrockneten Zibibbo- oder Greco-Beeren wird ein hervorragender Dessertwein gekeltert, ausgezeichnet ist der **Greco di Bianco** von Vintripodi.

Italiener trinken nach dem Essen ihren **»caffè«**, den Espresso, in der nächsten Bar. Hier gibt es auch Kalabriens Antwort auf Coca-Cola: Brasilena oder Brasilcaffè. Sollte man ausprobieren!

Empfehlenswerte Restaurants und andere Lokale finden Sie jeweils bei den Orten im Kapitel »Unterwegs in Kalabrien«.

MERIAN-Tipp

2 Pilz-Tavernetta

Pietro Lecce, der Padrone der Tavernetta, könnte dank seiner umfassenden Kenntnisse der Pilze auch einen Universitätslehrstuhl innehaben. Glücklicherweise gilt aber sein Hauptaugenmerk der kulinarischen Verwandlung der edlen Waldfrüchte. Nicht nur Pilze, sondern alle meist wild gesammelten Produkte der Sila werden hier mit großem Einfallsreichtum verarbeitet. Neben einem guten Hauswein führt Pietro Lecce auf seiner Karte über 100 Rote, 40 Weiße und 15 Rosés. Als Wasser kommt das frische Quellwasser der Sila auf den Tisch – umsonst.

La Tavernetta, Contrada Campo San Lorenzo 14, 87052 Camigliatello; Tel. 09 84 57 90 26, 09 84 57 93 55; tgl. mittags und abends, Mi geschl., zweite Nov.-Hälfte geschl. ●●● CREDIT

→ S. 118, C 6

Einkaufen

Beste Lakritze, »Musica calabrese« und Seide, Zitrusdüfte, Schmuck und so vieles mehr …

Auf originelle künstlerische Art und Weise wird mit dieser Werbetafel für die Erzeugnisse der kalabrischen Landwirtschaft geworben.

Kalabrien ist ein kulinarisches Einkaufsparadies. Ob sonnengetrocknete Tomaten, Pilze aus der Sila oder die beliebten **»sott'olii«**, in Olivenöl eingelegtes Gemüse – es gibt für jeden Geschmack etwas. Auch Agriturismi (→ S. 13) bieten häufig ihre eigenen Produkte aus biologischer Produktion zum Verkauf an. Kalabrien ist für gutes **Olivenöl** und ausgezeichnete **Weine** bekannt. Bei Rossano (→ S. 48) wird fleißig **Süßholz** geraspelt, und Amarelli (→ S. 50) verpackt die beste Lakritze der Welt in nostalgische Blechdöschen. Zu kaufen gibt es sie im ganzen Land. Süße Verführungen locken auch an der Costa dei Cedri. Nur hier gedeihen **Zedratzitronen** in dieser Qualität, kandiert oder als Likör sind sie ein besonderes Geschenk. Die frischen Früchte werden zum Laubhüttenfest an jüdische Gemeinden in der ganzen Welt verschickt. Aus Santa Maria del Cedro (→ S. 40) kommt auch eine traditionelle Weihnachtsleckerei: **»panicelli«**. Zibbibo-Rosinen werden mit einem Stück Zedrat-Zitronenschale in ein Zitronenblatt gewickelt und langsam im Ofen gedörrt. Eine andere Zitrussorte, ausschließlich in Kalabrien anzutreffen, sind die **Bergamotten**. Angebaut werden sie an der äußersten Spitze der Apenninenhalbinsel in der Provinz Reggio. Sie liefern ein aromatisches Öl – Hauptbestandteil des Eau de Cologne –, das von Parfumherstellern auf der ganzen Welt geschätzt wird. In Reggio kann man die Essenzen kaufen. Mischen Sie sich Ihr eigenes Duftwasser!

Kulinarische Genüsse

In Touristenorten wie Tropea ist das Angebot an kunsthandwerklichen Produkten groß, doch Vorsicht: Keramik stammt manchmal aus apulischer oder sizilianischer Massenproduktion, Seidenstoffe und Spitzen oft aus Asien. Besser ist es, man macht sich selbst auf die Suche nach dem kalabrischen Kunsthandwerk. Gute **Keramik** findet man in Bisignano, Seminara (Ceramiche Mauri di Paolo Condurso), Squillace und Gerace. Eine lange Tradition hat die Herstellung handgewebter **Stoffe**, wie die in archäologischen Museen ausgestellten Webstuhlgewichte beweisen. Longobuco, San Giovanni in Fiore, Tiriolo und Bova gehören zu jenen Zentren, wo die byzantinische Kunst der **Seidenweberei** fortlebt. Nobelklamotten im Leder- und Nietenlook kauft man bei Versace. Der in Florida 1997 gewaltsam zu Tode gekommene Edelcouturier hatte das Schneiderhandwerk im Modegeschäft seiner Mama in Reggio di Calabria erlernt. Seine Schwester Donatella hat hier eine Boutique eröffnet.

In Brognatura bei Serra San Bruno und in Reggio arbeiten **Pfeifenmacher**, die das feuerfeste Wurzelholz der Erika zum Schnitzen verwenden. In Bisignano und Acri bringen die **Lautenbauer** das Holz zum Klingen.

Jenseits vom Folklorekitsch erleben Tarantella & Co. ihre Renaissance und stoßen als »Worldmusic« auch außerhalb Kalabriens auf offene Ohren. Live ist der angesagte Ethnosound auf den Festivals »Rumori Mediterranei« in Rocella Ionica und »Palearizza« im Aspromonte zu hören, aktuelle CDs gibt es in allen großen Städten. CDs mit **»musica calabrese«** werden auch auf Straßenmärkten und Volksfesten verkauft. Große Erfolge verbucht nördlich der Alpen ein deutsches Label mit der temporeichen »Musica della Mafia«.

Ausgewählte Preziosen fertigen **Goldschmiede** in San Giovanni in Fiore oder Crotone an. Filmdivas, der Papst und gekrönte Häupter zählen zu den Kunden. Die Vorbilder für die wertvollen Stücke liefern der antike Schmuck der Magna Graecia oder die fein ziselierten byzantinischen Arbeiten des Mittelalters.

Feste und Events

Osterprozessionen, Musikfestivals, Jamsessions am Strand – in Kalabrien feiert man das ganze Jahr.

Am Abend des 16. Juli, dem Jahrestag einer Marienerscheinung anno 1251, findet in Scalea die traditionelle Prozession zu Ehren der Madonna del Carmine statt.

Der Höhepunkt des Kirchenjahres wird in der Osterzeit erreicht, und überall wird die **»settimana santa«** mit barocker Pracht inszeniert. Von Juni bis September bewegt sich ein langer Zug von Pilgern auf staubigen Straßen zum Santuario della Madonna di Polsi im Aspromonte. Wie den Göttern der Magna Graecia werden auch der Madonna della Montagna Opfertiere gebracht, die man an Ort und Stelle schlachtet und verzehrt. Bei den profanen **»sagre«** steht Kulinarisches im Mittelpunkt, ob Schwertfisch am ersten Sonntag im Juli in Bagnara oder Peperoncino Anfang September in Diamante.

Kalabriens größtes Fest findet nur alle paar Jahre statt. Am letzten Augustsonntag wird die **»varia«** von 200 Gläubigen durch die Straßen von Palmi gezogen. Über 15 m hoch ragt die barocke Festmaschine in die Luft, ein Wolkengebirge aus Pappmaschee zu Ehren der heiligen Jungfrau. Auf der Spitze sitzt ein zwölfjähriges Mädchen, das als »animella« die Madonna verkörpert. Dem großen Umzug geht am 16. August die alljährlich stattfindende **Festa di S. Rocco** voraus (die nächste »varia« voraussichtlich im Jahr 2005 und dann wieder 2009).

Kalabriens höchstes Fest wird in der Basilicata gefeiert. Der Kult der **Madonna del Pollino** ist in die uralten Rhythmen der Hirten eingebunden, die wie seit Jahrtausenden jeden Sommer ihre Herden auf die Hochgebirgsweiden treiben. Am ersten Junisonntag wird die Statue der Madonna in einer Prozession aus dem lukanischen San Severino bis ins 1537 m hoch gelegene Heiligtum am Fuße des Monte Pollino (2248 m) begleitet. Am Wochenende kommen Abertausende zusammen, um bei Musik, Tanz, reichlich Essen und heiligen Messen die Madonna hochleben zu lassen. Weitere Informationen erhält man von den Auskunftsstellen der jeweiligen Orte (siehe dort).

Februar
Der tollste **Karneval** tobt in Castrovìllari (www.carnevalecastrovillari.it).

März/April
La naca ist eine eindrucksvolle Karfreitagsprozession in Catanzaro, in Rossano setzen sich die Trauerzüge im Morgengrauen in Bewegung. Am Passionsspiel **»Giudaica«** beteiligt sich fast die gesamte Bevölkerung von Laino Borgo. Am **Karsamstag** ziehen die **»vattienti«** (Geißler) durch Nocera Terinese. Die Karsamstagsprozession in Caulonia ist (wie viele andere auch) spanischen Ursprungs.

Mai
Morano Calabro feiert am Sonntag vor dem 20., dem Patronatsfest des S. Bernardino, mit der mittelalterlichen **Festa della Bandiera** einen Sieg über die Mauren. Am dritten Maisonntag: **Madonna del Capo Colonna** in Crotone (→ MERIAN-Tipp, S. 56).

Juni
Eines der schönsten Bergfeste gilt der **Madonna del Pollino** (s. o.) am ersten Juniwochenende.

Juli
Am ersten Julisonntag lädt Baganara Calabra auf der **Sagra del Pesce Spada** zum Schwertfischschmaus. Am 11. findet zu Ehren von S. Benedetto in Cetara eine **Schiffsprozession** statt. Das **Peperoncino Jazz Festival** in Diamante lockt Stars in den Süden.

August
Ferragosto (Mariä Himmelfahrt) am 15. wird in ganz Italien als Riesenfest gefeiert. Ende des Monats jammen Jazzgrößen auf den **Rumori Mediterranei** in Rocella Ionica am Strand.

September
Am zweiten Samstag im September tanzen die Riesen Matta und Grifone auf der **Festa Madonna della Consolazione** in Reggio di Calabria.

Sport und Strände

Kalabrien bietet ideale Möglichkeiten für einen Aktivurlaub – und auch zum Entspannen am Strand.

Klein, aber fein: Das aussichtsreich gelegene Grand Hotel San Michele in Cetraro lädt zu einer gepflegten Runde Golf ein.

In den Vorstellungen der meisten Nicht-Italiener verbindet sich Kalabrien mit Badeurlaub am Meer. Kein Wunder bei knapp 800 km Küste! Bereits Mitte Mai erreichen die Wassertemperaturen die 20°C-Marke und halten sie bis Anfang November. Trotz einiger Bausünden herrscht kein Mangel an Traumstränden. Im August, wenn ganz Italien seinen Urlaub am Meer verbringt, sind besonders auf der tyrrhenischen Seite viele Strände mit kostenpflichtigen Sonnenschirmen und Liegestühlen ausgestattet. Kilometerlange freie Strände findet man das ganze Jahr entlang der ionischen Küste. Die Ferienclubs am Meer halten eine Vielzahl sportlicher Aktivitäten bereit.

Kalabrien ist aber auch ein Gebirgsland, und das Landesinnere bietet zahlreiche Alternativen zu Strandleben und Wassersport. Auf den kaum befahrenen Bergstraßen sind Radfahrer ein häufiger Anblick. Agriturismi und Ferienclubs, die Räder verleihen, halten oft auch ein paar gute Tipps für Touren in die nähere Umgebung bereit.

Kalabriens Naturschutzgebiete und Nationalparks sind wahre Wanderparadiese. Da das Wandern Süditalienern eher fremd ist, haben Forst- und Nationalparkverwaltungen bislang nur einige wenige Wege markiert. Doch das Bewusstsein ändert sich, und man kann darauf hoffen, dass es in Zukunft noch weitaus bessere Wandermöglichkeiten geben wird. Der Parco del Pollino hält eine Liste ausgebildeter Bergführer bereit, die auch kleinere Gruppen oder Familien begleiten, und im Aspromonte bieten lokale Initiativen geführte Trekking-Touren an.

Fliegen

Alicalabria Volo Club ⇢ S. 120, C 9
Den Capo Vaticano aus der Vogelperspektive erleben – mit den Ultraleichtflugzeugen von Pino Pontoriero. Auch Fallschirmspringen.

Contrada San Onofrio – P.O.Box 1, 89864 Spilinga (VV); Tel. 0 96 36 53 36, Mobiltel. 33 97 49 40 22; www.pontoriero.it/alicalabria

Golf

Golf Club San Michele ⇢ S. 116, A 4
Die herrlich über dem Meer gelegene 9-Loch-Anlage des Grand Hotel San Michele (→ S. 35) ist einer der wenigen Golfplätze Kalabriens. Der Kurs wird vor und zurück gespielt und entspricht damit einer 18-Loch-Anlage mit Par 70. Im November geschlossen.

Pescaturismo

Begleiten Sie die **»pescatori«** (Fischer) mit dem Boot und schauen Sie ihnen bei der Arbeit zu, oder legen Sie selbst Hand mit an. Der frische Fang wird anschließend gemeinsam zubereitet und verzehrt. Pescaturismo wird in vielen Hafenorten angeboten. In Diamante: das Lokal »La Guardiola« (Via Lungomare Riviera Bleu, Tel. 09 85 87 67 59, Mobiltel. 33 84 16 45 37). In Le Castella: das Ristorante »La Scogliera« (Via Scogliera, Tel. 09 62 79 50 71, Mobiltel. 3 36 78 76 26). Die Cooperativa Maria di Porto Salvo (c/o Domenico Pontillo, Tel. 09 65 79 03 68) organisiert von Mai bis Mitte August vor der Küste von Scilla Ausflüge mit den letzten noch existierenden »pasarrelle«, traditionelle Boote, die speziell für die Jagd auf Schwertfisch konstruiert worden sind (max. vier Personen).

Rad fahren

Für kürzere Fahrten bietet sich das Hinterland von Cirella an, mit Ausflügen nach Maierà, Grisolia oder Santa Maria del Cedro. Die Schotterstraße im Tal des Argentino ab Orsomarso ist ideal für eine leichte Mountainbike-Tour. Nur mit Mountainbikes und bei guter Kondition sind die abenteuerlichen Pisten im Aspromonte zu empfehlen. Mountainbikes verleiht auch »Moonlight« am Capo Vaticano. Der Monte Poro ist ein ideales Revier!

Reiten
Zahlreiche Agriturismi bieten Reitmöglichkeiten an. Hinweise beim jeweiligen Ort (→ MERIAN-Tipp, S. 47).

Segeln
Die tyrrhenische Küste ist ein attraktives Segelrevier, mit Vibo Marina als idealem Ausgangshafen (→ S. 93). Törns von Vibo zu den Äolischen Inseln bieten einige Reiseveranstalter an. Info auch direkt beim englischen Skipper Ron Haynes und seiner deutschen Frau Christel.

S.V. Florette Diving & Sailing
Mobiltel. 34 78 48 08 14; svflorette@svflorette.com, www.svflorette.com

Den besten Hafen an der ionischen Küste besitzt Crotone, mit schönen Segel- und Tauchrevieren am Capo Rizzuto. Eine gute Adresse:

Segelschule Ostro ⇢ S. 57, c 3
Via Firenze 68, 88900 Crotone; Tel. und Fax 09 62 90 55 26; www.ostro.it, www.seateam.it

Ski fahren/Langlaufen
Von Dezember bis Ende Februar verwandelt sich das Hochplateau der Sila in ein Dorado für Langläufer. Infos zu Loipen am Ufer des Lago di Cecita gibt es bei den Forst- und Parkverwaltungen (→ S. 48, 53). Beliebt bei den Einheimischen sind die Abfahrtspisten bei Gambarie (→ S. 77) und Camigliatello (→ S. 47).

Surfen
Als gute Reviere gelten der Golf von Squillace und der Capo Vaticano. Kurse und gutes Material bei:

Moonlight ⇢ S. 120, C 9
c/o Hotel Baia del Sole, Contrada Torre Ruffa – Capo Vaticano; Tel. und Fax 09 63 60 35 16, Mobiltel. 32 90 26 86 38; http://web.tiscali.it/velamonnlight/; Mai–Okt.

Tauchen
Unbedingt Maske und Schnorchel einpacken! Tauchreviere und -schulen gibt es an der Costa dei Cedri (Cirella-Diamante), Costa Viola (Scilla), am Capo Rizzuto (Le Castella) und bei Stilo (Hinweise beim jeweiligen Ort). Tauchkurse werden auch von den meisten Hotelclubs angeboten.

Wandern
Eine großartige Bergwelt, durch die drei Nationalparks Pollino, Sila und Aspromonte geschützt, macht Kalabrien zum absoluten Wanderparadies. Das Netz markierter Wanderwege wird stetig ausgeweitet, und vielerorts bieten lokale Kooperativen geführte Touren an (→ Routen und Touren, S. 96).

Auskünfte zu Wanderungen erteilen auch die Forstämter (Corpo Forestale dello Stato). Adressen von Bergführern im Internet unter www.parcopollino.it

Wildwasserfahrten/Gleitschirmfliegen
In Kanada, nicht in Kalabrien, würde man einen Fluss wie den Lao erwarten, der sogar im Sommer reichlich Wasser führt. Das professionelle Team um Primo Galiano organisiert von Anfang Juni bis Ende August täglich Schlauchbootfahrten zwischen Papasìdero (→ S. 42) und der Einmündung des Argentino. Im Winter und Frühjahr werden Wildwasserfahrten im Oberlauf des Lao angeboten. Naturkundliche Erklärungen unterwegs runden das ausgefallene Landschaftserlebnis ab. Min. vier, max. 24 Personen (ca. 45 €/ Person). Geeignet sind die Touren auch für Kinder ab acht Jahren. Ausrüstung wird gestellt. Auch Kajak-Schule, Kajak-Verleih und Gleitschirmflüge.

Lao Action Raft ⇢ S. 116, A 3
Via Lauro 12, 87029 Scalea; Tel. und Fax 0 98 52 14 76, Mobiltel. 33 82 23 67 44; www.laoraft.it

Strände

Tyrrhenische Küste

Capo Vaticano und Tropea → S. 120, C 9

Absolut top, herrliche Sandstrände und versteckte Kiesbuchten mit kristallklarem Wasser. Hier erlebt man – mit Blick auf die Äolischen Inseln – wunderschöne Sonnenuntergänge (→ S. 69).

Costa dei Cedri → S. 116, A 3

Spektakuläre Buchten zwischen S. Nicola Arcella und Pràia a Mare. Schöne Sandstrände bei Cirella und Diamante.

Costa Viola → S. 120, C 11

Scilla hat einen guten Sandstrand mit Blick auf Sizilien.

Golfo di Sant'Eufemia → S. 121, BC 7–8

Überraschend leer und kilometerlang sind die Sandstrände nördlich von Pizzo.

Ionische Küste

Capo Bruzzano → S. 121, E 12

Ein herrlicher Kiesstrand mit bizarren Felsformationen, die an die Skulpturen von Henry Moore erinnern.

Am km 73 der S.S. 106

Crotone – Capo Rizzuto → S. 119, F 7

Südlich von Crotone erstrecken sich kilometerlange goldgelbe Sandstrände. Traumbuchten finden sich auch auf der Halbinsel Capo Rizzuto (→ S. 64) und herrliche Sandstrände bei Le Castella.

Golfo di Squillace → S. 119, DE 7–8

Einsame, flache Kies- und Sandstrände. Am bekanntesten sind die Strände von Copanello, Caminìa und Pietragrande.

Roseto Capo Spulico – Amendolara → S. 117, D 2

Schöne Kiesstrände und klares Wasser am Fuße des Stauferkastells von Capo Spulico.

Sandiger Spielplatz für Jung und Alt an der Costa dei Cedri bei Diamante-Cirella.

Familientipps – Hits für Kids

Wunderbar: Natur und Narrenfreiheit für Bambini. Noch besser: Die Fantasie der Kinder ist gefragt.

Im Agriturismo »A Casa Janca« in Pizzo heißen die Italiener Kinder ganz besonders willkommen.

Einen unbeschwerten Familienurlaub versprechen Ferienclubs am Meer, deren Freizeitangebot häufig auch auf Kinder zugeschnitten ist. Als ausgesprochen kinderfreundlich erweisen sich oft Agriturismi. Manchmal gibt es einen kleinen Spielplatz oder einen Pool, fast immer aber ist der direkte Kontakt mit der Natur und den Haustieren viel interessanter als mancher Erlebnispark. Viele italienische Familien machen gerne Urlaub auf dem Bauernhof, und schnell überwinden gerade Kinder die Sprachbarriere und gewinnen neue Freunde. In Italien genießen »bambini« eine fast grenzenlose Narrenfreiheit. So ist es auch nichts Ungewöhnliches, wenn die Kleinen noch bis zu später Stunde wach sein dürfen.

Mit etwas Fantasie bietet Kalabrien tausend Möglichkeiten, mit Kindern einen spannenden Urlaub zu verleben. Unzählige Burgen, wie jene von Rocca Imperiale, Le Castella oder Santa Severina, wollen erobert werden, von Sandburgen, die erst zu bauen sind, ganz zu schweigen. Der tyrrhenischen Küste ist im Norden eine Reihe kleiner Inseln vorgelagert, die man bei ruhiger See mit einem Boot leicht erreichen kann. Die Isola di Dino steckt voller Grotten, und wer weiß, vielleicht war Odysseus wirklich hier, und das führt zu Geschichten, wie jene von dem Ungeheuer Skylla, das an der Meerenge von Messina Schiffe bedrohte.

Spaß ist auch auf Volksfesten garantiert. In den Provinzen Reggio und Vibo tanzen die 3 m hohen Pappmaschee-Figuren Mata und Grifone während der Prozessionen auf den Straßen. Der dunkelhaarige Grifone, ein Sarazene blind vor Liebe, versucht, angestachelt vom Gejohle der Kinder, die Aufmerksamkeit der blonden Christen-Prinzessin Mata zu erlangen, doch vergebens. Am Capo Vaticano enden die Feste mit dem verrückten Tanz des »camijuzzu 'i focu«, dem brennenden Kamel. Durch einen Lederschurz geschützt, wird ein aus Schilf- und Bambusrohr gebasteltes und mit Pulver gefülltes Kamel auf den Schultern getragen. In Brand gesteckt, fliegt es bei wildem Trommelwirbel schließlich in die Luft.

Agriturismo Il Bergamotto

→ S. 120, C 12

Tiziana und Ugo Sergi haben eine Gruppe alter Häuser, die friedlich in der ursprünglichen Landschaft des Aspromonte liegen, einfach, aber geschmackvoll hergerichtet. Kinder können auf Eseln reiten. Die Fiuamara Amendolea lädt zu ausgiebigen Wanderungen ein. Im Tal werden Bergamotten angebaut. Gutes Essen! Von der S.S. 106 der Abzweigung nach Amendolea folgen.

Contrada Amendolea, Condofuri; Tel.und Fax 09 65 72 72 13; Mobiltel. 34 76 01 23 38; E-Mail: ugosergi@yahoo.it; 12 Zimmer ●●

Rafting-Touren

Lao Action Raft

→ S. 116, A 3

Die Rafting-Touren auf dem Fiume Lao können unter Beachtung aller Sicherheitsvorkehrungen auch mit Kindern ab acht Jahren durchgeführt werden (→ S. 24). Spannend sind Erkundungen am Fiume Argentino bei Orsomarso (→ S. 42).

Wandern

Im Nationalpark der Sila hat die Forstverwaltung an der Fossiata (→ S. 48) und im Villaggio Mancuso (→ S. 53) Tiergehege angelegt. Einige der hier ausgeschilderten Wanderungen sind auch für Kinder geeignet.

Wasservergnügungsparks

Rundum-Badespaß: Nuovo Aqua Fans (www.aquafans.it) bei Paria a Mare an der Riviera di Cedri, Acquapark Odissea 2000 (www.odissea2000.it) bei Rossano an der ionischen Küste und Acquapark Zambrone (www.acquapark.it) bei Zambrone nördlich Tropea.

Unterwegs in Kalabrien

Erhabenes Bauwerk: Hoch über das Umland erhebt sich das Kastell von Rocca Imperiale in den Himmel. Der Bauherr des Kastells war Kaiser Friedrich II.

Antike und Gegenwart, Kultur und nahezu unberührte Natur, Gelassenheit und ein lebendiges Kunsthandwerk treffen in der südlichsten Festlandsregion Italiens spannungsvoll aufeinander.

Cosenza und der Norden

Abwechslungsreiche Küsten zweier Meere, Wildflüsse, hohe Berge und unzählige Kunstschätze.

Die pittoreske Altstadt von Scalea, an der Westküste Kalabriens gelegen, zieht sich treppenartig den Hang hinauf.

Die größte der kalabrischen Provinzen ist von Natur aus auch die vielgestaltigste. Im Norden zieht sich der mächtige Gebirgsriegel des Pollino entlang, mit der **Serra di Dolcedormo** (2267 m) als höchstem Gipfel der Region. Der tyrrhenischen Küste sind eine Reihe kleiner Inseln vorgelagert, feine Kies- und Sandstrände wechseln sich mit steilen Klippen ab. Leider wurde dieser schöne Küstenabschnitt stark verbaut. Kilometerlange freie Strände finden sich auf der ionischen Seite.

Auf Fahrten ins Hinterland entdeckt man ein unverfälschtes Land mit vielen Facetten: dichte Wälder, schroffe Berge, Olivenhaine und Weinberge, Steinzeitkunst in Höhlen und reizvolle mittelalterliche Orte, die großartig in der Landschaft liegen. Die **Provinz Cosenza** gleicht einem Mosaik von Völkern und Sprachen. Im 13. Jh. wanderten Waldenser aus dem Piemont ein, und im Osten der Provinz Cosenza liegt die größte Dichte albanischer Gemeinden, 25 sind es insgesamt. Im 15. Jh. vor den Türken hierher geflüchtet, pflegen die »Arbëresh« bis heute ihre Sprache und Kultur.

In vielen Orten spürt man einen neuen Aufbruch, und **Cosenza**, die Hauptstadt der Provinz, ist nach vielen Jahren des »malgoverno« (umgangssprachlich für »schlechte Regierung«) auf dem Weg, eine der kulturell lebendigsten Städte Süditaliens zu werden.

Aieta

→ S. 116, A 2

1000 Einwohner

Der im 10. Jh. von Byzantinern gegründete Ort an den nördlichen Abhängen des Monte Ciàgola lässt sich in weniger als einer halben Stunde Fahrt von Práia a Mare (→ S. 43) aus erreichen. Aus dem Meer kleiner ziegelgedeckter Häuser ragt die imposante Fassade des **Palazzo Cosentini** heraus. Im 16. Jh. errichtet, galt er zu seiner Zeit als einer der berühmtesten Fürstenpaläste Kalabriens.

Hotels/andere Unterkünfte

Hotel Ristorante Le Due Lanterne
Kleiner Palazzo im Zentrum. Nette Zimmer, einige sind mit Balkon ausgestattet und erlauben eine herrliche Aussicht auf die Berge. Das Restaurant glänzt mit lokalen Spezialitäten.
Via Cantogrande 9; Tel. 0 98 57 10 96, Fax 0 98 57 10 66; www.leduelaterne.it; 12 Zimmer ●●

Essen und Trinken

Da Maria
Die Trattoria am Altstadtrand bietet Pasta wie von »Mamma«, Gemüsegerichte und guten Hauswein.
Piazza G. Rea 2; Tel. 0 98 57 10 78; mittags und abends ●●

Altomonte

→ S. 116, B 3

5000 Einwohner

In sanfter Hügellandschaft erhebt sich Altomonte, die imposanten Bergzüge des Pollino und Orsomarso im Hintergrund. Durch das Mäzenatentum seines Feudalherren Filippo Sangineto entwickelte sich der Ort im 14. Jh. zu einem der wichtigsten Kunstzentren Kalabriens. Filippo Sangineto besaß als Feldherr eine hohe Stellung am neapolitanischen Hof der Anjou und unterhielt enge Verbindungen zu Papst Clemens IV.

Altomonte hat sich der Herausforderung seiner ruhmreichen Vergangenheit gestellt. Die Gassen und Gebäude des Städtchens wurden liebevoll restauriert, ein Schuttabladeplatz am Südhang der Altstadt wurde 1988 in ein Freilufttheater verwandelt. Das Kunsthandwerk wird gepflegt, die Auswahl an Restaurants und Hotels ist ausgesprochen gut. Altomonte bietet sich als ideale Basis für Ausflüge in die Umgebung an.

Das kleine Dorf Altomonte ist ein »Schatzkästchen«. Es birgt eine interessante Architektur und gute Gastronomie.

HOTELS/ANDERE UNTERKÜNFTE

Hotel Barbieri

Die Hälfte der geräumigen Zimmer weist mit Traumblick auf die Stadt. Neuerdings stehen Gästen auch komfortable Apartments im »centro storico« zur Verfügung (→ MERIAN-Tipp, S. 13). Die wahre Stärke des Barbieri ist jedoch seine viel gerühmte Küche.

Via S. Nicola 30; Tel. 09 81 94 80 72, 09 81 94 88 21, Fax 09 81 94 80 73; www.casabarbieri.it; 45 Zimmer ●●● CREDIT

Il Castello di Altomonte

Ein Flügel des Kastells ist zu einem ebenso geschmackvoll wie luxuriösen Hotel umgebaut worden. Herrlicher Landschaftsblick.

Piazza Castello 6; Tel. 09 81 94 89 33, Fax 09 81 94 89 37; www.altomonte.it; 11 Zimmer ●●● CREDIT

SEHENSWERTES

Santa Maria della Consolazione

Ursprünglich stand hier die kleine normannische Kirche S. Maria dei Francisi aus dem 11. Jh. Der von Filippo Sangineto veranlasste Neubau ist das herausragendste Beispiel gotisch-angiovinischer Architektur in Kalabrien und hat durch die erst kürzlich abgeschlossenen Restaurierungsarbeiten sein ursprüngliches Aussehen zurückerhalten. Mit einem hohen spitzbogigen Portal und einer riesigen Fensterrose (Kopie) öffnet sich die Kirche zur Piazza. Der hohe einschiffige Innenraum endet in einem flachen, zisterziensisch-schlicht anmutenden Chorabschluss. Hier steht auch das Grabmal von Sangineto. Die linke Schmalseite des Sarkophags ziert ein Relief des hl. Ladislaus, König von Ungarn, gleichsam eine Kopie des Gemäldes von Simone Martini, das heute im Museum aufbewahrt wird.

MUSEEN

Museo Civico

An die Kirche Santa Maria della Consolazione schließt sich der ehemalige Dominikanerkonvent an. Tommaso Campanella hielt sich hier zwischen 1588 und 1589 auf, wahrscheinlich um die Arbeit an »La Città del Sole« zu beginnen. In den Klosterräumen ist der reiche Kirchenschatz, der durch das Mäzenatentum Sanginetos zu Stande kam, ausgestellt. Schaustück der Sammlung ist eine kleine Holztafel mit dem Bildnis des hl. Ladislaus.

Das Temperabild auf Goldgrund wird Simone Martini (1284–1344) zugeschrieben, nach Giotto der bedeutendste Maler des Trecento (Opernglas mitnehmen!). In die oberen Geschosse des ehemaligen Konvents ist 2003 die Thejane Gaspero Memorial Library for Children eingerichtet worden. Während die Eltern sich in Ruhe das Museum ansehen, können Kinder hier nach Herzenslust schmökern.
April–Sept. tgl. 8–20 Uhr, Okt.–März tgl. 10–13 und 16–19 Uhr; Eintritt 3 €

Essen und Trinken

Ristorante Barbieri
Restaurant des gleichnamigen Hotels. Nur lokale Produkte werden verarbeitet. Hier wird die kalabrische Küche zum Hochgenuss.
Via S. Nicola 30; Tel. 09 81 94 80 72, 09 81 94 88 21, Fax 09 81 94 80 73; tgl. mittags und abends ●●● CREDIT

Il Ristoro del Principe
Gutes Altstadtlokal. Es werden kräftige Fleischgerichte aufgetischt.
Piazza Campanella 5; Tel. 09 81 94 87 43; Di–So mittags und abends ●● CREDIT

Einkaufen

Bottega di Casa Barbieri
An der Piazza Duomo und in der Via S. Nicola, neben dem Hotel, findet der Feinschmecker alle Köstlichkeiten Kalabriens, in erster Linie Produkte des Hauses Barbieri.
Tgl. 10–13 und 16–20 Uhr

Am Abend

Festival Mediterraneo Dei Due Mari
Ende Juli bis Anfang August finden Theater- und Konzertaufführungen im modernen Freilufttheater statt.
www.festivalmediterraneodeiduemari.it

Service

Auskunft
Assessorato al Turismo
Largo della Solidarietà 1, 87042 Altomonte; Tel. 09 81 98 80 41; www.comune.altomonte.cs.it

IAT – Pro Loco
Piazza Tomaso Campanella 13, 87042 Altmonte; Tel. 09 81 94 82 16; Mai–Sept. tgl. 10–13 und 16–19 Uhr

Castrovìllari → S. 116, B 3

23 300 Einwohner

Folgt man dem Corso Garibaldi durch die neueren Stadtviertel bis zum Largo Cavour, kann man hier das Auto parken und zu Fuß durch die engen Gassen der Altstadt streifen. Am Fuße der **Civita** (Altstadt) erhebt sich das **Aragoneserkastell**. Den besten Überblick genießt man vom Santuarium der Madonna del Castello.

Hotels/andere Unterkünfte

La Locanda di Alia
Charmantes, kleines Hotel in schönem Garten. Mit allem Luxus ausgestattete, ruhige Zimmer und ein ausgezeichnetes Restaurant (→ S. 34).
Via Jetticelle 55; Tel. und Fax 0 98 14 63 70; www.alia.it; 14 Zimmer ●●● CREDIT

Sehenswertes

Castello Aragonese
Die von einem Verteidigungsgraben umgebene, trutzige Burg am Eingang der **Civita** wurde im Jahre 1490 errichtet. Zuletzt diente das Gemäuer als Gefängnis.

Santuario della Madonna del Castello
Im Osten der **Civita** erhebt sich auf der Spitze eines Hügels die mittelalterliche Kirche. Der Legende nach wollten die Normannen hier im Jahre 1090 eine Burg errichten, doch die tagsüber errichteten Mauern stürzten über Nacht wieder ein. Als schließlich ein Bildnis der hl. Mutter auftauchte, errichtete man ihr anstelle des Kastells eine Kirche. Das verehrte byzantinische Bild der Madonna ist heute noch zu sehen. Kunsthistoriker datieren das Werk allerdings erst ins 13. Jh.
Tgl. 9–12 Uhr

Essen und Trinken

La Locanda di Alia

Das Restaurant der Brüder Alia gilt zu Recht als eines der besten Süditaliens. Weinkarte mit mehr als 400 verschiedenen Sorten.

Via Jeticelle 55; Tel. und Fax 0 98 14 63 70; ●●● bis ●●●● CREDIT

La Torre infame

Deftige lokale Küche auf hohem Niveau, abends gibt es köstliche Holzofenpizza.

Largo Castello 16; Tel. 0 98 12 64 55; Di–So mittags und abends ●● bis ●●● CREDIT

Service

Auskunft

Pro Loco

Corso Garibaldi 160, 87012 Castrovillari; Tel. 09 81 20 95 95; www.prolococastrovillari.it; tgl. 9.30–13 und 15.30–19.30 Uhr

Cerchiara di Calabria

3000 Einwohner S. 116, C 3

Eine großartige, von tiefen Schluchten durchzogene Landschaft, Grotten, denen Thermalwasser entströmt, ein Heiligtum und Wanderwege in luftiger Höhe (→ Routen und Touren, S. 95). Gründe genug, dem kleinen Ort einen Besuch abzustatten. Die **Grotta delle Ninfe** erreicht man auf dem Weg nach Cerchiara. Die warmen Quellen wurden bereits von den vergnügungssüchtigen Griechen aus »Sybaris« (→ Sìbari, S. 45) aufgesucht. Fährt man aus dem Ort 12 km weiter bergauf, erreicht man auf 1015 m Höhe das Santuario **Santa Maria delle Armi**. In byzantinischer Zeit eine Einsiedelei basilianischer Mönche, wurde vor den Grotten im 15. Jh. eine katholische Kirche errichtet. Nach wie vor besuchen zahlreiche Pilger das in Stein geritzte Bildnis der Muttergottes, und am 25. April findet eine große Prozession zu ihren Ehren statt.

Hotels/andere Unterkünfte

Agriturismo Acampora

Von der Straße nach Cerchiara zweigt rechts die beschilderte Zufahrt zum biologisch bewirtschafteten Agriturismo ab. Schöne Steinhäuser in stiller Umgebung.

Contrada Milizia; Tel. 09 81 99 13 20; 7 Zimmer ●●

Essen und Trinken

Ristorante La Caldana

Bodenständige Küche unweit der warmen Quellen. Gästezimmer.

Località Grotte delle Ninfe; Tel. 09 81 99 16 08; Juni–Sept. tgl. mittags und abends ● bis ●●

Ristoro Al Santuario

Die Bar am Santuario serviert gute Antipasti und **»bruschette«** (geröstetes Brot mit Olivenöl und Knoblauch).

Località S. Maria delle Armi; Tel. 09 81 99 11 39; April–Ende Sept. Do–Di mittags und abends, Nov–März nur Sa, So ●

Thermen

Grotta delle Ninfe

32 °C warmes Schwefelwasser entspringt einer Grotte und wird anschließend in Becken geleitet. Ein unkompliziertes Badevergnügen in ländlicher Umgebung, und Fango kann sich jeder selbst auftragen.

Tel. 09 81 99 11 97; Mai–Okt. tgl. 7–24 Uhr; Eintritt Erwachsene 3 €, Kinder 1,50 €

Cetraro

S. 116, A 4

11 000 Einwohner

Der nette Ort zieht sich mit engen Altstadtgassen vom Hafen den Hang hoch. Es sind nicht die großen Kunstschätze, die den Reiz von Cetraro ausmachen, sondern ein freundlicher süditalienischer Alltag verzaubert den Besucher. S. Benedetto, der Patron der Stadt, wird am 11. Juli mit einer Meeresprozession gefeiert (→ S. 21).

Hotels/andere Unterkünfte

Grand Hotel San Michele

→ S. 116, A 4

Verblasster Charme umweht das herrlich gelegene Grand Hotel. Den Gästen steht ein privater Strand, und ein Golfplatz (→ S. 23) zur Verfügung. Gutes Essen.

Località Bosco, Km 293,100 der S.S. 8; 87022 Cetraro; Tel. 0 98 29 10 12, Fax 08 99 14 30; www.sanmichele.it; Nov. geschl.; 65 Zimmer ●●● bis ●●●● CREDIT

Essen und Trinken

Gambero Rosso 2

Alteingeführtes Fischlokal mit Hafenblick.

Via Porto 52; Tel. 09 82 97 11 04; Di–So mittags und abends ●●● CREDIT

Service

Auskunft

Pro Loco

Corso San Benedetto 11; Tel. 0 98 29 16 51; Mo–Fr 9–13 und 17–20 Uhr

Cìvita/Çifti

→ S. 116, C 3

1200 Einwohner

Der Ort liegt auf einer Geländeterrasse oberhalb des Raganello. Er wurde um 1471 von Albanern gegründet, die nach dem Tod ihres Anführers Skanderbeg vor den Türken nach Kalabrien flüchteten. Den Bewohnern ist es gelungen, ihre Sprache, Kultur und Religion lebendig zu erhalten. Es wird eine Zeitung in albanischer Sprache publiziert, und die Messen in der Kirche Santa Maria Assunta werden nach der Lithurgie des hl. Johannes Chrysostomos gefeiert. Neugierig streift man durch die engen sauberen Gassen, den Blick auf die eigentümlichen Kamine der Häuser gerichtet. Die Brunnen spenden klares Wasser, gut angelegte Wanderwege laden zur Entdeckung einer großartigen Landschaft mit einer der spektakulärsten Talschluchten Europas ein.

Die Kirche Santa Maria delle Armi bei Cerchiara di Calabria stammt aus dem 15. Jahrhundert. Das Heiligtum zieht noch heute zahlreiche Pilger an.

MERIAN-Tipp

3 Pollino-Nationalpark

Das Wahrzeichen des 1994 eingerichteten Parco Nazionale del Pollino sind die majestätischen Panzerkiefern (»Pinus leucodermis«), die in Höhen bis über 2000 m dem Wind und Wetter trotzen und viele hundert Jahre alt werden können. Von Morano Calabro aus lassen sich in kurzer Zeit sowohl das Nationalparkbüro in Rotonda (Regione Basilicata) wie auch der Colle d'Impiso als idealer Ausgangspunkt für Wanderungen in den höchstgelegenen Teil des Nationalparks erreichen.

Ente Parco Nazionale del Pollino, Via Frecce Tricolore 16, 85048 Rotonda (PZ); Tel. 09 73 66 93 11, Fax 09 73 66 78 02; www.parcopollino.it

→ S. 116, ABC 1–3

Hotels/andere Unterkünfte

Ostello della gioventù

Das Haus, architektonisch kein Glücksfall, liegt atemberaubend schön 1 km oberhalb des Ortes. Beste lokale Küche. Unter derselben Direktion steht auch das Zwei-Sterne-Hotel La Querda ca. 1 km unterhalb des Ortes (12 Zimmer ●●●).

Contrada Laxa; Mobiltel. 33 95 29 75 88; www.albergostellopollino.com; 7 Zimmer ●

Museen

Museo Etnik Arbëresh/ Museo Etnico Albanese

Kleines Volkskundemuseum, Auskunft zum Parco Nazionale del Pollino.

Piazza Municipio; Mo–Fr 9–13 und 16–20 Uhr; Eintritt frei

Essen und Trinken

Agorà

Solide kalabresische Küche, am Abend Pizza. Tische im Freien.

Piazza Municipio 30; Tel. 0 98 17 34 10; Di–So mittags und abends ● CREDIT

Kamastra

Albanische Küche, hausgemachte Desserts. Schönes Ambiente.

Piazza Municipio 3/6; Tel. 0 98 17 33 87; Di–So mittags und abends ● CREDIT

Service

Auskunft

Punto Parco

Piazza Municipio 34, 87010 Cìvita/Çifti; Tel. 0 98 17 30 12, 0 98 17 32 78; Mai–Sept. tgl. 8–20 Uhr, Okt.–April Mo–Fr 8–14 Uhr

Wandern/Jeep-Exkursionen

Emanuele Pisarra, Journalist und Bergführer, führt auf Wunsch durch Cìvita und erklärt die Hintergründe albanischer Kultur. Mit dem Jeep und zu Fuß begleitet er kleine Gruppen durch das Parkgebiet. Besonders lohnend: der Monte Poleinno und der Ragonello-Canyon.

Via Gennaro Placco 12; Tel. 0 98 17 30 43; www.acalandrostour.it

Cosenza

→ S. 118, C 6

78 000 Einwohner
Stadtplan → S. 37

Nach langen Jahren der Vernachlässigung ist die alte Stadt am Zusammenfluss von Crati und Busento dank des Einsatzes ihres ehemaligen Bürgermeisters Giacomo Mancini wie aus einem bleiernen Schlaf erwacht. Sanierungsarbeiten schreiten voran, und zahlreiche kulturelle Veranstaltungen füllen die Stadt mit neuem Leben. In den Sommermonaten sind anlässlich der »città aperta« die Monumente bis Mitternacht geöffnet. Das »Athen Kalabriens«, der im 16. Jh. gegründeten und immer noch aktiven Accademia Cosentina wegen so genannt, besitzt in der Vorstadt Arcavata eine der modernsten Universitäten Süditaliens. Am Abend füllt studentisches Leben die romantische Altstadt, die noch vor wenigen Jahren fast ausgestorben war.

SPAZIERGANG

Neu- und Altstadt begegnen sich auf der Piazza Campanella. Vor der gotischen Fassade der **Chiesa di S. Domenico** werden an Ständen Eisenwaren, Textilien und Musikkassetten feilgeboten. Eine Brücke überquert den Busento, Schauplatz jenes Gedichtes von August von Platen, der im Flussbett das Grab und den Schatz des Gotenkönigs Alarich vermutete. Gefunden wurde er bislang nicht.

Von der Piazza Valdesi nimmt der Corso Telesio seinen Ausgang, die Lebensader des alten Cosenza. Die Bemühungen der Altstadtsanierung zeigen hier ihre ersten Ergebnisse. An den Geschäften wurden Holzläden originalgetreu restauriert, eloxierte Alurahmen haben keine Chance. Das ehemalige Rathaus, ein Palazzo aus dem 16. Jh., steht als **Casa delle Culture** allen Besuchern offen.

Wie ein Theater öffnet sich das unregelmäßige Vieleck der Piazza Grande, mit den Balkonen der umliegenden Häuser als Logen und der mittelalterlichen Domfassade als Bühne. In Bars und auf Musikbühnen pulsiert seit wenigen Jahren das Nachtleben.

An der Casa Tropea steigt die Via del Seggio zur Kirche **S. Francesco d'Assisi** auf. Von der Piazza Berardi setzt sich der Weg über die Stufen der Via Archi di San Franceso d'Assisi fort. In diesem wunderschönen Viertel wartet noch viel Arbeit auf die Stadtsanierer.

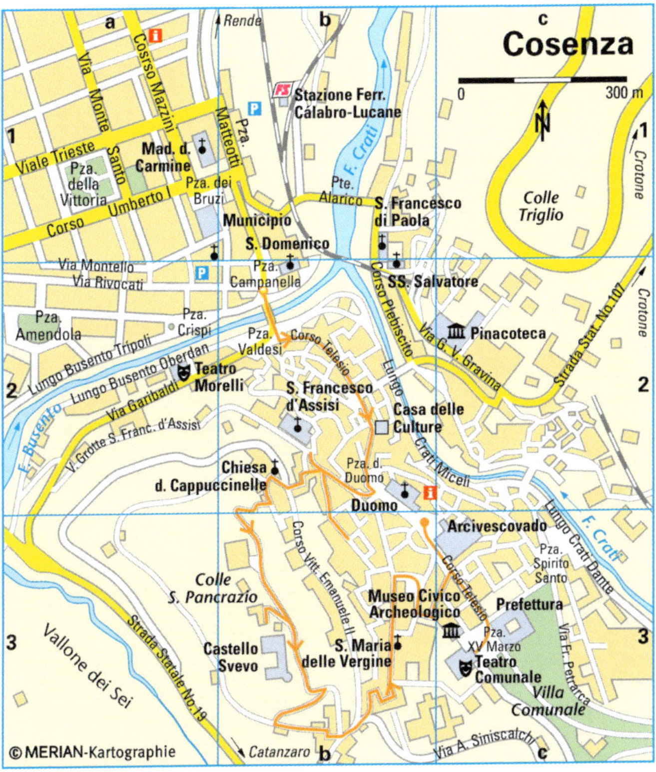

Mit einem Blick zurück auf Cosenza, den Crati und die Sila queren wir den Corso Vittorio Emanuele, am Ex-Convento delle Capucinelle links vorbei und steigen den Colle S. Pancrazio weiter an. An höchster Stelle erhebt sich das mächtige Stauferkastell (**Castello Svevo**).

Mit weiten Blicken ins Umland führt die Via del Castello an der Chiesetta di S. Giovanni Battista vorbei und zurück in die Stadt. Über Treppenstufen geht es die Via Pirro Schettini weiter hinab bis zu den **Archi di Ciaccio**. Der Via G. Argento folgend, vorbei an der Kirche **S. Maria delle Vergine** und einem katalanisch-gotischen Palazzo, biegen wir rechts hinab auf die baumbestandene Piazza dei Cuculi. An der rosa Tempelfassade des Gymnasiums vorbei treffen wir wieder auf den Corso Telesio. Rechter Hand liegt die Piazza XV., Marzo, umgrenzt von Theater, Regierungspalast, dem Museo Civico und dem schönen Stadtpark. Auf dem Weg zurück zum Dom bietet das Gran Caffè Renzelli Einkehrmöglichkeit.

Hotels/andere Unterkünfte

Royal
⇢ S. 37, nördlich a 1

Schlichtes Äußeres mit gediegener Inneneinrichtung.

Via Molinella 24; Tel. 09 84 41 21 65, Fax 09 84 41 24 61; www.hotelroyal.it; vom Hauptbahnhof Bus 27, 28; 50 Zimmer ●●● CREDIT

Excelsior
⇢ S. 37, ab 1

Frisch restauriertes, zentral gelegenes Hotel aus den Zwanzigerjahren, nur wenige Schritte von der Altstadt entfernt. Direkt gegenüber liegt der Bahnhof der Ferrovie delle Calabrie. Das Restaurant im Excelsior lohnt einen Besuch. Die nach hinten gelegenen Zimmer sind ruhiger, sollten aber rechtzeitig reserviert werden.

Piazza Matteotti 14; Tel. und Fax 0 98 47 43 83; www.excelsiorhotel.it; vom Hauptbahnhof Bus 27, 28; 43 Zimmer ●● CREDIT

Sehenswertes

Castello Svevo
⇢ S. 37, b 3

Kaiser Friedrich II. hat dem Kastell auf dem Colle Pancrazio seinen Stempel aufgedrückt. Trotz Erdbebenschäden und späteren Umbauten ist die klassische Anlage mit rechteckigem Grundriss und vorspringenden Ecktürmen deutlich zu erkennen. Der achteckige Turm an der südöstlichen Ecke kann baulich als eine Art Vorbote des Castel del Monte betrachtet werden. Durch hohe Kreuzgratgewölbe betritt man den Innenhof.

Tgl. 8–20 Uhr, Juli und Aug. 8–24 Uhr; Eintritt frei

Duomo
⇢ S. 37, b 2

Der Dom, um die Mitte des 12. Jh. errichtet, musste nach dem verheerenden Erdbeben von 1184 vollständig wieder aufgebaut werden. In Anwesenheit Kaiser Friedrichs II. wurde die Kirche im Jahre 1222 neu geweiht. Auf der linken Querschiffseite ist das gotische Grab der Isabella von Aragon zu bewundern. Bauarbeiten brachten das Werk eines französischen Meis-

Das Grabmal der Isabella von Aragon (es kniet ihr Gemahl Philipp) im Dom von Cosenza wurde erst 1891 wieder freigelegt.

ters 1891 zufällig wieder zum Vorschein. Die Bevölkerung sah dies als Wunder an, und heute noch bringen frisch vermählte Paare ihren Brautstrauß der als »Madonna della Cinta« verehrten Muttergottes. Auf der rechten Seite der Madonna kniet die Figur König Philipps III., links seine 1271 in Cosenza verstorbene Gattin Isabella. Sie hält die Augen geschlossen, und ihr Gesicht ist eigentümlich verzerrt, was zur Vermutung Anlass gab, der Künstler könnte das Bildnis nach ihrer Totenmaske geschaffen haben.

Museen

Museo Civico Archeologico → S. 37, c 3

Lokale Funde von der Vorgeschichte bis in die römische Zeit.

Piazza XV Marzo; Tel. 09 84 81 33 24; Di–Fr 9–13 Uhr, Mo, Do 15–18.30 Uhr; Eintritt 3 €

Essen und Trinken

Hostaria La Vecchia Cucina → S. 37, nördlich a 1

Kleines, aber feines Restaurant in der Neustadt. Es wird ausschließlich frischer Fisch serviert.

Via Miceli 21; Tel. 0 98 42 94 39; So geschl. ●●● CREDIT

Taverna L'Arco Vecchio → S. 37, b 3

Traditionelle Küche auf hohem Niveau, hausgemachte Desserts. Man sitzt in schönem Ambiente, einige Tische stehen im Hof.

Piazza Archi di Ciaccio 21; Tel. 0 98 47 25 64; Juli und Aug. So geschl. ●● CREDIT

Einkaufen

Cartolibreria Legenda → S. 37, b 2

Gut sortierte Buchhandlung.

Piazza Duomo 1; Tel. 0 98 47 32 14; tgl. 9–24 Uhr!

Am Abend

Beat Music Club → S. 37, b 2

Großer Saal und Terrasse mit Blick auf den Dom. Biere, Cocktails und Kleinigkeiten zum Essen. Ein bis zwei Blueskonzerte pro Woche.

Piazza Duomo; Tel. 0 98 42 95 48; im Winter Di und Mi geschl.

Cafè Internet → S. 37, b 1

50 Multimedia-PCs, Bar und Discopub in Nähe des Hauptbahnhofs.

Via G. Falcone 48; Tel. 09 84 40 83 51; www.consenzaweb.net; Mo–Sa 7–24 Uhr; 1 Std./3 €

Casa delle Culture → S. 37, b 2

Filmvorführungen, Ausstellungen, Sprachkurse und Internetcafé in einem Palazzo des 16. Jh.

Corso Telesio 98; www.comune.cosenza.it/culture/

Gran Caffè Renzelli → S. 37, bc 2–3

Im Liberty-Stil eingerichtetes Traditionscafé.

Corso Telesio 46; Tel. 0 98 42 68 14; www.grancafferenzelli.it; im Winter Di geschl., im Sommer Sa geschl.

Service

Auskunft

APT → S. 37, a 1

Corso Mazzini 92, 87100 Cosenza; Tel. 0 98 42 74 85, Fax 0 98 42 73 04

Centro Comunale di Promozione Turistica → S. 37, b 2

Via Antonio Toscano 3, 87100 Cosenza; Tel. 09 84 81 33 36; www.comune.cosenza.it; Mo–Fr 9–13 Uhr, Mo, Do 16–18 Uhr

Diamante/Cirella

→ S. 116, A 3

5400 Einwohner

Von Natur aus mit langen Sandstränden, Felsvorsprüngen und vorgelagerten Inseln gesegnet, wurden weite Abschnitte der Costa dei Cedri seit den 1970er-Jahren relativ rücksichtslos mit unansehnlichen Neubauten überzogen. Diamante und Cirella stellen eine der glücklichen Ausnahmen dar, und schöne Strände erstrecken sich zu beiden Seiten. Die Altstadt von Diamante wirbt gerne mit ihren inzwischen verblassten »murales«, zeitgenössischen Wandmalereien mit kalabrischen Themen.

Das 5 km nördlich gelegene Cirella ist auf unspektakuläre Art freundlich, die kleine Halbinsel an der Punta di Cirella haben archäologische Funde vor Bebauung bewahrt. Ein kurzes Stück landeinwärts liegen auf einem Hügel malerisch die Ruinen des alten Cirella. Diamante und Cirella sind ideale Ausgangspunkte für kurze Ausflüge (auch mit dem Fahrrad) ins Hinterland zu den sehenswerten Bergorten Maierà, Grisolia, Verbicaro und Orsomarso (→ S. 42). Im Tal des Abatemarco, bei **Santa Maria del Cedro**, liegen die Hauptanbaugebiete der Zedrat-Zitronen (»Citrus medica«). Heute fast unbekannt, waren die »goldenen Äpfel« die ersten Zitrusfrüchte, die im Altertum nach Europa gelangten. Der Anbau der niedrigen, mit starken Stacheln bewehrten Bäume ist beschwerlich und lohnt kaum noch, seitdem die billigeren kandierten Kürbisse das Zitronat aus den Bäckereien verdrängt haben.

Hotels/andere Unterkünfte

Hotel Ferretti
Nettes Strandhotel, das vor allem von Reisegruppen angesteuert wird.
Via Pastani 4, Diamante; Tel. 0 98 58 14 28, Fax 0 98 58 11 14; www.ferrettihotel.it; Ostern–Anfang Okt. ●●● bis ●●●● CREDIT

Hotel Ducale-Villa Ruggieri
Gepflegter Adelspalast des 18. Jh. oberhalb einer sauberen Kiesbucht mit Blick auf die Isola di Cirella. Leider mangelt es einigen Zimmern an Charme, doch der Ausblick von der Dachterrasse versöhnt wieder.
Via Vittorio Veneto 254, Cirella; Tel. 0 98 58 60 51, Fax 0 98 58 60 52; www.ducalehotel.net; 22 Zimmer ●●● CREDIT

Hotel Riviera Bleu
Die geräumigen Zimmer des 1970 am Lungomare südlich von Diamante erbauten Hotels sind frisch renoviert.
Via Lungomare Poseidone, Diamante; Tel. und Fax 0 98 58 13 63; www.hotelriviera.it; Mai–Ende Sept.; 58 Zimmer ●●● CREDIT

MERIAN-Tipp

4 La Cantinella

Das winzige, rustikale Lokal von Carmela Grillo ist eine Institution. Leckere Antipasti, im Ofen überbackene Nudeln, Käse und Wurst. Zum Dessert gibt es selbst abgefüllten Zibbibo, einen aus der Zibbibo-Traube gekelterten Süßwein.

Via Armando Diaz 101, Cirella; Mobiltel. 34 76 19 15 08; tgl. mittags und abends ● → S. 116, A 3

Essen und Trinken

Sabbia d'Oro → S. 116, A 4
Gutes, günstiges Fischlokal mit Tischen direkt am Strand im Süden von Diamante. Spezialität des Hauses sind die **»gnochetti con gamberi«**.
Via Piano delle Donne, Belvedere Marittima; Tel. 0 98 58 84 56; Mi–Mo mittags und abends, Dez., Jan. geschl. ●● CREDIT

Vecchio Frantoio
Von Diamante fährt man am nördlichen Ufer des Fiume Corvino 2 km auf Schotterstraße bis zu dem lauschigen Lokal, ehemals eine wassergetriebene Ölmühle. Einige Tische befinden sich im Freien direkt am Fluss. Lokaltypische Küche.
Località Parco Corvino, Diamante; Tel. 09 85 87 65 78; Mi–Mo mittags und abends ● CREDIT

Caffè Filò
Im Sommer ein Muss: frisch zubereitete **»granita di cedro«**.
Via Vittorio Veneto 182, Cirella

TAUCHEN

Posidonia

Im Sommer Tauchgänge an der Costa dei Cedri. Kontakt über das Sportgeschäft von Maurizio Presta.

Piazza XI. Febraio 22, 87023 Diamante; Tel. 09 85 87 67 89

Morano Calabro

S. 116, B 3

5000 Einwohner

Unter den schönen Orten Kalabriens einer der schönsten – und niemand wird ihm diese Rolle ernsthaft streitig machen wollen. Den besten Blick auf das Städtchen, die Berge des Pollino im Hintergrund, genießt man vom 3 **Convento dei Capucini**. Die intakte Anlage des mittelalterlichen Ortes, dessen Häuser sich pyramidenförmig den Hang hochziehen, lädt zu ausgedehnten Streifzügen ein. Der steilen Treppen wegen beschrieb Norman Douglas in seinem klassischen Reisebuch »Old Calabria« (→ Buchtipps, S. 108) die hiesigen Maultiere als »animali occupatissimi«.

HOTELS/ANDERE UNTERKÜNFTE

Hotel Al Convento

Kleines Hotel mit gutem Restaurant oberhalb des Kapuzinerkonvents. Traumblick auf den Ort und das Pollino-Gebirge.

Via V. Severini; Tel. und Fax 0 98 13 15 94; 12 Zimmer ● CREDIT

B & B La Panoramica

Geräumige, ruhige Zimmer im Grünen, Gemeinschaftsküche und reichhaltiges Frühstück. Pool und Pferde.

5 km von der Autobahnausfahrt »Morano Calabro« in Richtung Ort. Contrada Mancioppo; Tel. und Fax 0 98 13 10 43; 7 Zimmer ●

SEHENSWERTES

Chiesa di S. Bernardino da Siena

Die dem Stadtpatron von Morano geweihte Abteikirche ist das wichtigste Beispiel einander sehr ähnlicher Klosterkirchen, die gegen Ende des 15. Jh. in Amantea, Cosenza, Gerace oder Tropea errichtet wurden. Der hohe einschiffige Kirchenraum trägt eine Kassettendecke aus Holz und wird zum Chor hin von einem gespitzten Triumphbogen abgeschlossen. Der bedeutende Flügelaltar des venezianischen Malers Bartolomeo Vivarini aus dem Jahr 1477 ist auf absehbare Zeit in der Sakristei der Collegiata (s. u.) zu bewundern.

Tgl. 10–12 und 17–19 Uhr

Der kunstvolle gotische Altar des venezianischen Malers Bartolomeo Vivarini in der Collegiata di S. Maria Maddalena.

Collegiata di S. Maria Maddalena

Zu Füßen des Ortes steht am Hauptplatz eine der eindrucksvollsten Barockkirchen Kalabriens. Ihre bunten Majolika-Kuppeln sind bereits von weitem zu sehen. Im Inneren findet sich eine große Anzahl sehenswerter sakraler Kunstwerke aller Epochen, zusammengetragen aus den verschiedenen Kirchen des kleinen Ortes.

Tgl. 10–12 und 17–19 Uhr

Museen

Il Nibbio

Sehenswertes Naturkundemuseum unterhalb des Normannenkastells.

Vico II. Annunziata 11; Tel. 0 98 13 07 45; www.ilnibbio.it; Di–So 10–13 und 15–18 Uhr; Eintritt 3 €, Kinder 2 €

Essen und Trinken

La Cantina

Beliebte Altstadttrattoria, hausgemachte Pasta, viel Gemüse, Pizza.

Piazza Croce 21; Tel. 0 98 13 10 34; Di–So mittags und abends ●

Service

Auskunft

Pro Loco

Viale Gaetamo Scorza (c/o Convento S. Bernardino), 87016 Morano Calabro; Mobiltel. 3 33 31 11 08 11; Mo–Fr 9–12 und 17–19 Uhr

Orsomarso

S. 116, A 3

1800 Einwohner

Der kleine Ort ist Ausgangspunkt für den Besuch des Naturschutzgebietes am Fiume Argentino. Mit dem Auto kann man bis zu dem Lokal »Green Valley« fahren. Die Forstverwaltung hat einen interessanten Botanischen Garten und Wanderwege angelegt.

Hotels/andere Unterkünfte

Azienda Agricola »La Molina«

Auf der Straße nach Orsomarso, kurz nach der Brücke über den Lao, zweigt links die Kiesstraße zum Agriturismo ab, der abgeschieden im Tal liegt. Herrliches 25-Meter-Schwimmbecken!

Contrada Molina, Orsomarso; Tel. 0 98 52 40 77, Mobiltel. 33 98 62 37 08; 10 Apartments ●●

Essen und Trinken

The Green Valley

Rustikales Lokal am Fluss mit Tischen im Freien. Frische Forellen.

Valle Fiume Argentino; Ostern–Mitte Sept. tgl. mittags und abends ●

Pàola

S. 118, B 6

17 000 Einwohner

In der Geburtsstadt von Francesco d'Alessio (1416–1507) steht alles unter dem Zeichen des in ganz Süditalien verehrten Heiligen, dessen Fest am 2. April hier mit großem Pomp gefeiert wird. Das von ihm gegründete Kloster liegt oberhalb des Ortes im **Tal des Torrente Isca**. Fresken an den Wänden des spätgotischen Kreuzganges berichten von seinen Taten, wie die Überquerung des Stretto von Messina auf einem Mantel. Kein Wunder, dass die italienischen Seeleute San Francesco di Pàola zu ihrem Schutzpatron erwählt haben. Der tägliche Ansturm der Gläubigen hat den Bau einer neuen Kirche notwendig gemacht, die nach kurzer Bauzeit im Sommer des Heiligen Jahres 2000 eingeweiht wurde.

Pàola hat eine hübsche Altstadt. Durch die monumentale Porta S. Franceso betritt man die Piazza del Popolo mit ihrem barocken Brunnen.

Papasìdero

S. 116, A 3

1100 Einwohner

Der kleine Ort byzantinischen Ursprungs trägt in seinem Namen die Erinnerung an den Gründer. Ein griechischer Abt (»papas«) Isìdoros hatte sich mit einer Gemeinschaft von Basilianernmönchen hier niedergelassen. Papasìdero liegt am südlichen Ufer des Fiume Lao. Sehenswert ist die kleine Kirche **S. Sofia** mit gut erhaltenen Fresken aus dem 16. Jh. Ein kurzer reizvoller Weg führt aus dem Ort und über eine Brücke zu der Wallfahrtskirche **Santa Maria di Costantinopoli**, errichtet nach der Pest von 1656. Am Dienstag nach Pfingsten wird das Fest der Stadtpatronin begangen.

Das Tal des Lao steht unter Naturschutz, und auf dem Wildfluss, der das ganze Jahr über Wasser führt, werden Rafting-Touren organisiert (→ S. 24). Auf der Straße, die sich talaufwärts nach Mormanno fortsetzt, erreicht man nach 14 km die **Grotta del Romito** mit altsteinzeitlichen Ritzzeichnungen.

Essen und Trinken

Grotta del Romito → S. 116, A 2
Antonietta Cersosimo hat ihr kleines Lokal in direkter Nachbarschaft der Grotta del Romito eröffnet. Nette Atmosphäre, gutes Essen. Camping.
Via Romito 44; Tel. 0 98 18 31 38; Mobiltel. 34 09 38 50 10; tgl. geöffnet ● ▭

Sehenswertes

Grotta del Romito → S. 116, A 2
4 Die S.S. 504 von Papasìdero aus für 10 km talaufwärts folgend, erreicht man Montagna, wo eine Stichstraße nach weiteren 4 km zu der Grotte ins Tal führt. Vor der Grotte wurde 1961 auf einem Felsblock die Ritzzeichnung eines Auerochsen entdeckt. Mit seinen vollkommenen Proportionen tritt einem der vor über 11 000 Jahren gestaltete Stier auch heute noch kraftvoll entgegen. Die Grotta del Romito kann allerdings nur mit einer Führung besichtigt werden, am Parkplatz steht ein kleines Besucherzentrum.
Juni–Sept. tgl. 9–13 und 16–20 Uhr; Okt.–Mai tgl. 9–17 Uhr; Eintritt 2,60 €

Service

Auskunft

Punto Parco → S. 116, A 2
Informationsbüro des Parco Nazionale del Pollino im Antiquarium der Grotta del Romito.
www.grottadelromito.net; Juli, Aug. tgl. 8–20 Uhr, Juni und Sept. Mo–Sa 8–20 Uhr, Okt.–Mai Mo–Fr 8–14 Uhr

Práia a Mare → S. 116, A 2

6600 Einwohner

Lang gezogene Sandstrände und verschwiegene Felsbuchten, die nur zu Fuß oder über das Wasser zu erreichen sind, die Praia a Mare vorgelagerte **Isola di Dino** mit ihren zahlreichen Grotten und ein sauberes Meer machen den Reiz dieses Küstenab-

Eine alte Bogenbrücke spannt sich bei Papasìdero über den Fluss Lao zur Wallfahrtskirche Santa Maria di Costantinopoli.

schnittes aus. Práia a Mare ist ein bekanntes, wenn auch gesichtsloses Touristenzentrum. Eine gute Alternative zu den meist langweiligen Bettenburgen sind die Pensionen in den nahe gelegenen Bergorten Tórtora oder Aieta (→ S. 31). Auch die Altstadt von S. Nicola Arcella lohnt den Besuch.

Rocca Imperiale

→ S. 117, D 2

3300 Einwohner

An der Grenze zur Basilicata liegt dieser Ort wie aus einem Bilderbuch, wenige Kilometer von der Küste entfernt. Die kleinen ziegelgedeckten Häuser der Altstadt ziehen sich den kegelförmigen Berg hinauf, der von einem imposanten Kastell gekrönt wird.

Den schönsten Blick auf die von Kaiser Friedrich II. errichtete, später aber vielfach umgebaute Burg hat man von der Landseite. Sehenswert sind auch die **Chiesa Madre** mit einem Campanile im normannisch-arabischen Stil und das **Franziskanerkloster** in der Unterstadt.

Scalea

→ S. 116, A 3

9500 Einwohner

Von der Bauwut der 1970er-Jahre verschont geblieben (im Gegensatz zu den Hügeln nebenan), zieht sich die pittoreske Altstadt von Scalea treppenförmig den Hang hinauf (daher der Name). Ausgrabungen in der **Grotta del Talao** weisen auf eine durchgehende Besiedlung des Ortes seit dem Paläolithikum hin. Die Stadt entwickelte sich als Erbe des antiken griechischen »Laos«, einer Gründung von »Sybaris« (→ Sìbari, S. 45). Seit kurzem werden die alten Häuser Zug um Zug restauriert, und auf den Piazze machen die ersten Lokale auf. Verwinkelte, steingepflasterte Treppen und Gassen laden zu eigenen Entdeckungen ein.

Längs des Lungomare breitet sich die Neustadt mit einer Vielzahl moderner touristischer Einrichtungen aus. Auf einem Felsvorsprung steht die trutzige **Torre del Talao** aus dem 16. Jh., einer jener zahlreichen Küstenwachtürme, die sich die gesamte Küste entlangziehen.

Hotels/andere Unterkünfte

Grand Hotel de Rose

Das 1966 gebaute und frisch renovierte Hotel mit gepflegtem Ambiente liegt 500 m nördlich der Altstadt am Meer. Zu ihm gehört ein Swimmingpool und ein eigener Strand. Das Restaurant »I Faraglioni« ist für seine gute Küche bekannt.

Lungomare Mediterraneo 22; Tel. 0 98 52 02 73, Fax 09 85 92 01 94; www.hotelderose.it; März–Nov.; 66 Zimmer ●●● bis ●●●● CREDIT

Hotel Talao

Bau der 1970er-Jahre mit frisch renovierten Zimmern, 500 m südlich der Altstadt gelegen, direkter Zugang zum Meer. Swimmingpool, Tennisplatz und im Sommer Animation.

Corso Mediterraneo 66; Tel. 0 98 52 04 44, Fax 0 98 52 09 27; www.hoteltalao.it; 45 Zimmer ●●● CREDIT

Sehenswertes

Chiesa dello Spedale

In der Nähe der Kirche S. Maria d'Episcopio, beinahe an höchster Stelle der Altstadt, liegt in einer unscheinbaren Gasse die kleine Basilianer-Kirche aus dem 9. Jh. Trotz starker Beschädigungen sind die byzantinischen Fresken noch voller Leuchtkraft.

Schlüssel zur Kirche bei der Familie Grisolia in der Via del Ospedale

Chiesa di S. Nicola in Plateis

Auch »Chiesa del sotto« genannt, erhebt sich die Kirche festungsartig am Fuße der Altstadt. Apsiden und Krypta zeigen noch Spuren der Gotik. In ei-

ner Seitenkapelle steht das Grabmal von Ademaro Romano (1341). Es erinnert an die Grabmonumente der französischen Könige in Neapel.
Fr–Mi 9–10.30 und 17–19.30, Do nur 17–19.30 Uhr

Essen und Trinken

La Rondinella
Bekanntes Altstadtlokal mit Tischen im Freien. Rustikale Speisen delikat zubereitet. Rote und weiße Hausweine, Produkte aus der eigenen Landwirtschaft. Gästezimmer.
Via Vittorio Emanuele 21; Tel. 0 98 59 13 60; www.la-rondinella.it; Mo–Sa mittags und abends, Nov. geschl. ●●● CREDIT

Pizzica'ndò
Hübsches Lokal in der oberen Altstadt mit einigen Tischen auf der Piazza Cimalonga. Antipasti und hausgemachte Pasta. Häufiger Besitzerwechsel.
Via Gravina 5; Mobiltel. 3 34 39 85 74; Ende Juni–Anfang Sept. mittags und abends ●

Service

Auskunft
Pro Loco & Ufficio Informazione Turistiche
Via Kennedy 25, 87029 Scalea; Tel. und Fax 0 98 59 06 79; www.scalea.it; Do–So und Di 8.30–12.30 und 17–21 Uhr

Sìbari

→ S. 116, C 3

2500 Einwohner

Von der einstigen Weltstadt »Sybaris« steht heute kein Stein mehr auf dem anderen. Anfang des 8. Jh. v. Chr. von Achäern gegründet, entwickelte sich der altgriechische Stadtstaat schnell zu dem größten Warenumschlagsplatz seiner Zeit. Um den Handel zwischen Etrurien und Kleinasien besser kontrollieren zu können, legte Sybaris an der tyrrhenischen Küste die Hafenstadt »Poseidonia« (Paestum) an. Der Reichtum der Sybariten war sprichwörtlich, und antike Autoren geben anschauliche Berichte über ihre luxuriöse Lebensführung. Den Zorn der Götter forderten die Sybariten heraus, als sie eigene heilige Spiele begründeten, die zeitgleich mit jenen von Olympia stattfanden. Das Ende kam schnell und grausam. Neid und Missgunst, vor allem aber das Drängen der pythagoräischen Partei, veranlassten »Kroton« (→ S. 55) 510 v. Chr., »Sybaris« den Krieg zu erklären. Angeführt vom vielfachen Olympiasieger Milon, errangen die Krotoniaten durch eine einzige Schlacht den Sieg. Der Fluss »Kratis« wurde von ihnen umgelenkt und begrub die Trümmer der zerstörten Stadt unter seinen Fluten.

Mit Unterstützung des perikleischen Athens wurde 443 v. Chr. die neue Stadt »Thurioi« gegründet, deren Grundriss Hippodamus von Milet entwarf. Unter dem Namen »Copia« lebte die Stadt nach 193 v. Chr. als römische Kolonie fort.

Sehenswertes

Scavi di Sìbari
Im landeinwärts gelegenen Ausgrabungsfeld Parco del Cavallo wurden Reste des römischen »Copia« freigelegt. Zu sehen sind ein breiter kieselsteingepflasterter »Decumanus«, die Fundamente einer Thermenanlage aus dem 1. Jh. n. Chr., ein paar Sitzreihen des Theaters sowie Mosaikböden von Patriziervillen.
Km 24 der S.S. 106; tgl. 9 Uhr bis eine Std. vor Sonnenuntergang; Eintritt frei

Museen

Museo Archeologico Nazionale della Sibarìtide
Das 1996 eröffnete Museum (noch im Aufbau) rekonstruiert die Geschichte von der Bronzezeit bis in die Phase des römischen »Copia«.
Via Casoni, Abzweig am Km 25 der S.S. 106; Tel. 0 98 17 99 32; tgl. 9–19.30 Uhr, 1. und 3. Mo im Monat geschl.; Eintritt 2 €

Die Sila

Das grüne Herz Kalabriens: ausgedehnte Hochflächen, dichte Wälder und weite Seen.

Die uralten Baumriesen der Sila Grande erinnern an nordamerikanische Nationalparks.

Zwischen der Piana di Sìbari und der Landenge von Catanzaro erhebt sich das Hochplateau der Sila mit einer Ausdehnung von über 2000 qkm, die **Sila Greca** im Norden, 5 die **Sila Grande** in der Mitte und im Süden die **Sila Piccola**. Seit der Antike trägt die Landschaft einen Namen, der den Reichtum ihrer Wälder beim Wort nimmt. Ob »hyle« (griech.) oder »silva« (lat. der Wald), die Sila lieferte die hoch gewachsenen Kiefernstämme für den Bau der griechischen Triremen und römischen Galeeren.

Aber erst mit der Industrialisierung setzte im 19. Jh. eine starke Entwaldung ein, und Anfang des 20. Jh. wurden die ersten Stimmen laut, die sich für einen Schutz der letzten Urwälder einsetzten. Der Nationalpark wurde 1968 eingerichtet und 1997 erweitert. Die Sila gehört heute zu den wenigen Gebieten Europas, in denen wilde Wölfe leben. Seit den 1920er-Jahren füllt eine Reihe von Stauseen die weiten Quartärbecken, die vor nicht allzu langer geologischer Vergangenheit von natürlichen Seen eingenommen worden waren. Kein Wunder, dass sie sich so harmonisch in die Landschaft fügen.

Im Winter verwandelt sich die Hochebene in einen weißen Traum, und die Landschaft nimmt endgültig skandinavische Züge an. Für den Wintersport sind alle Voraussetzungen gegeben: Seilbahnen und Abfahrtspisten bei Camigliatello, gespurte Loipen am Ufer des Lago di Cecita. Von Frühjahr bis Herbst laden markierte Wege zum Wandern ein, längere Distanzen lassen sich auf Mountainbikes oder Pferderücken (→ MERIAN-Tipp, unten links) zurücklegen.

MERIAN-Tipp

5 Auf Pferderücken durch die Sila

Michele Curto ist ein ausgebildeter Reitlehrer. Seit über zehn Jahren veranstaltet er winters wie sommers geführte Touren hoch zu Pferd, die einen Tag oder bis zu einer Woche dauern können. Übernachtet wird unterwegs in Zelten und bei schlechtem Wetter in festen Unterkünften. Kinder ab acht Jahren können teilnehmen. In Michele Custos schön renoviertem Bauernhof, der sich wenige Kilometer außerhalb von Acri befindet, stehen Gästen gut ausgestattete Apartments und einige Wohnwagenstellplätze zur Verfügung.

Val Calamo Trekking Club, Contrada Santa Zaccheria 31/A, 87041 Acri (CS); Tel. 09 84 94 12 87 → S. 119, D 6

Camigliatello Silano

→ S. 118, C 6

1000 Einwohner

Von Crotone (→ S. 55) oder Cosenza (→ S. 36) aus lässt sich der für die Sommerfrische wie den Wintersport gleichermaßen beliebte Ort im Herzen der Sila Grande dank der neuen Superstrada schnell erreichen. Romantischer ist die Fahrt mit der Schmalspurbahn der Ferrovie delle Calabrie (→ Routen und Touren, S. 91). Seilbahnen führen auf den 1768 m hohen **Monte Curcio**, und der Lago di Cecita und die Wälder der Fossiata liegen nicht weit. So herrlich die umliegende Landschaft auch ist, der Ort selbst ist leider keine Augenweide.

Hotels/Andere Unterkünfte

Hotel Camigliatello
Das komplett renovierte Haus liegt am oberen Ortsende direkt am Waldrand. Ruhige, geräumige Zimmer mit Parkettböden, angenehmer Einrichtung und jedem Komfort. Gutes Restaurant.

Via Federici; Tel. 09 84 57 84 96, Fax 09 84 57 86 28; 33 Zimmer ●●● CREDIT

B&B Torre di Camigliati
Übernachten auf den Spuren von Weltenbürger Norman Douglas (→ Buchtipps, S. 108) in einem östlich von Camigliatello Silano herrlich im Grünen gelegenen Baronalspalast mit charmanten Gästezimmern.
Località Camigliati; Tel. 09 84 57 82 00, Fax 09 84 57 82 00; www.oldcalabria.org; Mai – Nov; 13 Zimmer ●● bis ●●●

Sehenswertes

I Giganti della Sila ⇢ S. 118, C 6
Von Camigliatello Silano folgt man der alten Landstraße bis Croce di Magara und ab hier den braunen Hinweisschildern »Giganti della Sila«. Das letzte Stück legt man zu Fuß zurück. Ein angelegter Weg führt durch das 5 ha große Naturreservat auf eine kleine Anhöhe. Sofort fühlt man sich hier an die nordamerikanischen Nationalparks erinnert. Bis zu 40 m hohe und über 350 Jahre alte Baumriesen ragen in den Himmel.
Mai–Okt. tgl. 8–19 Uhr; Eintritt 1 €

La Fossiata ⇢ S. 118, D 5
Vorbei am Lago di Cecita, dem größten See der Sila, erreicht man von Camigliatello aus nach 18 km die Località Cupone und die dichten Wälder der Fossiata. Picknickplätze, ein naturkundliches Museum und ein Tiergehege sind hier angelegt. Auf markierten Wegen kann man auch wandern.

Essen und Trinken

La Tavernetta
→ MERIAN-Tipp, S. 16

Einkaufen

Mario Celestino
Seit mehreren Generationen stellt die Familie Celestino in Fortführung byzantinischer Traditionen Leinen-, Baumwoll-, Ginster- und Seidenstoffe her. Gearbeitet wird auf alten Handwebstühlen in Longobuco.
Via Roma 66; Tel. und Fax 09 84 57 87 72; Mo–Sa 9–13 und 15–20 Uhr

Service

Auskunft
Ufficio Informazione Parco Nazionale della Sila
Località Cuponello, 12 km nordöstlich Camigliatello an der S.S. 117 in Richtung Fossiata; www.parcosila.it; Juni–Anfang Sept. tgl. 9–18 Uhr

Rossano ⇢ S. 119, D 5

34 500 Einwohner
Stadtplan → S. 51

Die günstige Lage machte die Stadt zu einer uneinnehmbaren Festung, als einzige in Kalabrien wurde sie nie von Sarazenen erobert. Vom 6. bis zum 11. Jh. war Rossano eines der wichtigsten Zentren byzantinischer Kultur in Süditalien, darüber hinaus Geburtsort zweier Päpste und des hl. Nilus (906 bis 1004). Erst gegen Mitte des 15. Jh. erfolgte der Übergang vom orthodoxen zum lateinischen Ritus. 6

Rossano wird von ausgedehnten Olivenhainen umgeben, und sowohl die Berge der Sila wie die Strände am Ionischen Meer können in Kürze erreicht werden. In 18 km Entfernung liegt in landschaftlich einzigartiger Lage das ehemalige Basilianerkloster **Santa Maria del Pátire** (→ S. 49).

Hotels/andere Unterkünfte

Agriturismo Fellino ⇢ S. 116, C 4
In Rossano Scalo von der Kreuzung der S.S. 177 mit der alten S.S. 106 1 km in Richtung Corigliano fahren. Der Hof liegt in einem Zitrushain. Reitmöglichkeiten und Verleih von Mountainbikes.
Contrada Fellino, Rossano; Tel. und Fax 09 83 51 48 59; 4 Zimmer ●

Agriturismo Giardino di Iti ⇢ S. 116, C 4
In Amica westlich von Rossano Scalo von der S.S. 106 Richtung Paludi abbiegen. Der Agriturismo liegt in einem stillen Tal. Geräumige Zimmer, im

Winter können Kamine angezündet werden. Bestes Essen.
Contrada Amica, Rossano;
Tel. 0 98 36 45 08; www.giardinoiti.com;
12 Zimmer ●

SEHENSWERTES

Cattedrale Santissima Achiropita ⇢ S. 51, b 1–2

Während der normannischen Herrschaft wurde Rossano zum Sitz eines Metropoliten erhoben und eine neue Kathedrale an Stelle eines byzantinischen Oratoriums erbaut. Ein mit Steineinlegearbeiten verzierter Altar steht in der Mitte des Hauptschiffes. Hinter dem barocken Rahmen erkennt man das Bild der Muttergottes, ein byzantinisches Fresko des 8. Jh., von dem die Gläubigen annehmen, es sei nicht von Menschenhand geschaffen (»acheiropoieta«).
Tgl. 8.30–12 und 16–19.30 Uhr

San Marco ⇢ S. 51, c 3

Neben der Cattolica von Stilo (→ S. 84) zählt San Marco zu den schönsten Beispielen byzantinischer Architektur in Süditalien. Am südlichen Ortsrand gelegen, wächst die kleine Kirche förmlich aus dem Fels heraus, auf dem sie steht. Dem Zentralbau wurde später ein Vorraum angefügt. Nicht schlanke Säulen wie in der Cattolica, sondern massive Pfeiler tragen hier die fünf Kuppeln des Ursprungsbaus. In der Nähe der Kirche liegen einige Felsgrotten, in denen vom 8. bis zum 10. Jh. byzantinische Mönche als Eremiten lebten.
Während der Sommermonate tgl. 9–13 und 16.30–20.30, sonst 9–12 und 16–19 Uhr

Santa Maria del Pátire (Patirion)

Um das Jahr 1100 gründete der hl. Bartholomaios von Simeri in der Bergeinsamkeit nahe Rossano ein Basilianerkloster. Von König Roger II., Kaiser Friedrich II. und den französchen Königen Neapels mit reichen Schenkungen bedacht, war es zu Zeiten seiner höchsten Blüte das reichste Süditaliens. Im Inneren haben sich

San Marco in Rossano zählt zu den schönsten byzantinischen Bauten Kalabriens.

Das Bodenmosaik im Kloster Santa Maria del Pátire zeigt unter anderem einen Zentaur.

kostbare Reste des Mosaikbodens mit Tiermotiven aus dem 12. Jh. erhalten. Die Ähnlichkeit zu dem berühmten Mosaikboden in der Kathedrale von Otranto (Apulien) ist nicht zu übersehen.

Tgl. 8–18 Uhr

MUSEEN

Museo Diocesano d'Arte Sacra

→ S. 51, b 1–2

Im Herbst 2000 wurde das Diözesanmuseum in großzügigen Räumen neu eröffnet. Aus dem Innenhof kann man auf die mittelalterlichen Apsiden der Kathedrale sehen. Größter Schatz der Sammlung ist der 180 Seiten umfassende »Codex Purpureus Rossanensis« aus dem 6. Jh., der in griechischer Sprache Texte aus zwei Evanglien enthält. Erst 1879 wurde die prachtvoll illuminierte Handschrift von dem deutschen Theologen Adolf Harnack wieder entdeckt. Den mit Silbertinte auf purpurgetränkten Blättern geschriebenen Texten sind 15 ganzseitige Miniaturen vorangestellt, zu betrachten in einem Projektionssaal.

Via Arcivescovado;
www.rossano.chiesacattolica.it;
Di–So 9–12 und 16–19 Uhr; Eintritt 3 €

ESSEN UND TRINKEN

Le Arcate

→ S. 51, b 2

Lokal in den Gewölben eines alten Konvents gegenüber vom Dom. Lokale Küche, hausgemachte Pasta.

Piazza Duomo 49; Tel. 09 83 52 03 21;
Di–So abends, im Sommer auch mittags
● bis ●●

La Villa

→ S. 51, a 2

Nettes Terrassenlokal in der Nähe der Piazza Sant'Anargiri. Gute **»antipasti«** und **»primi«**, als **»secondo«** ist sowohl Fisch als auch Fleisch zu empfehlen. Pizza aus dem Holzofen.

Via S. Bartolomeo 8; Tel. 09 83 52 22 14;
Mi–Mo nur abends ● bis ●●

EINKAUFEN

Liquirizia Amarelli

→ S. 51, nördlich a 1

Nirgendwo gedeiht der strauchförmige Schmetterlingsblütler »Glycyrhizza glabra«, Lieferant der Süßholzwurzel, besser als in den Küstengebieten Kalabriens. Seit 1731 produziert die Familie Amarelli im Stammhaus nach traditionellen Methoden Lakritz.

S.S. 106, Rossano Scalo; Tel. 09 83 51 12 19; www.museodellaliqurizia.it;
Mo–Sa 7.30–20.30 Uhr

SERVICE

Auskunft

Cooperativa Neilos S. 51, b 2

Engagierte Gruppe junger Leute, die qualifizierte fremdsprachliche Führungen im Diözesanmuseum und in der Altstadt anbieten.

Piazza Duomo 25, 87068 Rossano; Tel. und Fax 09 83 52 52 63; neilos@tiscalinet.it; im Sommer tgl. 9.30–13 und 16.30–20.30 Uhr, im Winter kürzer

San Demetrio Corone/ Shën Mitër

S. 116, C 4

4400 Einwohner

Nach dem Tod von Skanderbeg im Jahre 1468 fanden zahlreiche Albaner auf der Flucht vor den Türken Asyl in San Demetrio, bis auf den heutigen Tag eines der wichtigsten Zentren der »Arberësh« in Kalabrien. Im Jahre 1794 wurde das italo-albanische Priesterkolleg von San Benedetto Ulano hierher verlegt und dessen Lehrgebäude in Nachbarschaft der Abtei von San Adriano errichtet.

SEHENSWERTES

Abbazia di San Adriano

Das Kloster San Adriano wurde um 955 vom hl. Nilus von Rossano (→ S. 48) gegründet, dessen asketischer Lebenswandel jedoch kaum die reiche Innenausstattung zugelassen hätte, wie sie uns heute in der Abteikirche begegnet. Von 1089 bis 1106 unterstand das Basilianerkloster der Benediktinerabtei von La Cava. Die Freskenausmalungen und die prachtvollen Bodenmosaike entstanden unter dem künstlerischen Einfluss von Montecassino. Eine ei-

Furcht erregende Masken wachen in San Demetrio Corone am Eingang der Kirche San Adriano.

genartige Faszination geht von den rätselhaften Tierbildern aus, die aus bunten kleinen Marmorsteinen zusammengesetzt sind. Die Abtei liegt ein kurzes Stück außerhalb des Ortes, auf der Straße nach Acrì.

San Giovanni in Fiore

⇢ S. 119, D 6

19 000 Einwohner

Der Ort entwickelte sich ab dem 13. Jh. um die von Gioacchino da Fiore (1130–1202) gegründete Abtei, die gemäß der Zisterzienserregel im Tal errichtet worden war. Da Fiore verließ wenig später den Zisterzienserorden und schuf einen eigenen Orden.

Der moderne Ort, der sich oberhalb von Abtei und Altstadt ausbreitet, ist ein Paradebeispiel für völlig chaotische Bauentwicklung, wie sie im Süden Italiens leider immer wieder anzutreffen ist. So ist auch etwas Geduld vonnöten, bis man den alten und durchaus besuchenswerten Kern der Stadt erreicht.

Sehenswertes

Abbazia Florense

Da Fiore ließ die Kirche seiner Abtei im zisterziensischen Stil einschiffig und von einem Holzdachstuhl gedeckt errichten. Die Dreizahl, die in seiner Mystik eine beherrschende Rolle spielt, taucht auch im Bau immer wieder auf, so z. B. in der Anzahl der Fensteröffnungen im Lichtgaden.

Via Monastero; tgl. 8–12 und 14.30–19 Uhr; an Feiertagen wird um 11.15 Uhr eine hl. Messe gesungen

Museen

Museo Demologico

Neben den zahlreichen Exponaten des anthropologischen Museums sind es vor allem die Fotos von Saverio Marra aus der ersten Hälfte des 20. Jh., die einen interessanten Einblick in die (vergangenen) Lebenswelten der Sila-Hochebene gewähren.

Via Monastero; Mo–Sa 8.30–18.30; Mitte Juni–Mitte Sept. auch So 9.30–12.30 und 15.30–18.30 Uhr; Eintritt 1,50 €

Hotels/andere Unterkünfte

B&B Castello di Caccuri

Die Familie Fauci hat einen Flügel ihres Castello in ein edles B&B verwandelt. Majolikaböden, bemalte Holzdecken und schöne alte Möbel zieren die fürstlichen Räume. Top ist auch der Blick über den Marchesato (Provinz Crotone). Caccuri liegt einige Kilometer östlich von San Giovanni und ist von der S.S. 107 aus gut zu erreichen.

Salita Castello, Caccuri; Tel. 09 84 99 82 01; Fax 09 84 99 88 95, Mobiltel. 3482844342, www.castellodicaccuri.it; Ostern – Ende Okt., auf Anfrage ganzjährig; 15 Zimmer ●●● bis ●●●● CREDIT

Essen und Trinken

Il Ristoro del Brigante

Schmackhafte Sila-Küche wenige Schritte von der Abbazia Florense. Hausgemachte Pasta, Pilze, deftige Fleischgerichte. Offener Hauswein.

Via Monastero 5; Tel. 09 84 99 26 99; Fr–Mi mittags und abends ● MASTER VISA

EINKAUFEN

G. B. Spadafora

Traditionelle, mit Perlen besetzte Schmuckstücke in Tradition byzantinischen und arabisch-normannischen Kunsthandwerks.

Via Roma 3 (obere Neustadt); Tel. 09 84 99 39 68; Mo–Sa 9–13, 16–20 Uhr CREDIT

Scuola Tappeti Caruso

Weben ist Sein (L'essere e il tessere), so lautet der Wahlspruch von Domenico Caruso. Handgewebte Stoffe mit traditionellen Mustern aus Ginsterfasern, Leinen, Baumwolle und Seide.

Via Gramsci 195 (untere Altstadt); Tel. 09 84 99 27 24; tgl. 8.30–20 Uhr

SERVICE

Auskunft

Associazione Fiorensia

In privater Initiative führen die Mitglieder von Fiorensia sowohl in die Geschichte der Abbazia wie auch in die Geisteswelt des Gioacchino da Fiore ein.

Abbazia Florense; Tel. 09 84 97 02 36; E-Mail: aprosperati@yahoo.it

Taverna

S. 119, D 7

2700 Einwohner

Seit dem 18. Jh. ist der Ort – in römischer Zeit eine Raststation (lat. »taberna«) auf halbem Weg zwischen Ionischem Meer und der Sila – untrennbar mit dem Namen des großen Barockmalers Mattia Preti verbunden. Mattia Preti (1613–1699) kam in Taverna zur Welt, und nach langen Aufenthalten in Venedig, Rom und Neapel ging er im Auftrag des Malteserordens, dem er selbst angehörte, nach Malta. Preti hat trotz einer rasanten Karriere seinen Geburtsort nie vergessen und für die Kirchen Tavernas zahlreiche Altarbilder gemalt.

Villaggio Mancuso

S. 119, D 7

Bunte Holzfachwerkhäuser unter hohen Tannen schaffen eine Stimmung wie im Märchenwald. Den Trend setzte 1933 Eugenio Mancuso mit seinem Grande Albergo delle Fate. Auch die neuen Bauten passen sich der Umgebung an. Kam früher die Gesellschaft Catanzaros zur Sommerfrische hier hoch, setzt man heute auf Touristen, die den **Parco Nazionale della Sila** besuchen.

MUSEEN

Museo Civico

Der ehemalige Dominikanerkonvent beherbergt zahlreiche Gemälde Mattia Pretis. In der Klosterkirche hat sich der Maler auf der bewegenden Darstellung »Johannes der Täufer« im Habit der Malteserritter porträtiert.

Palazzo S. Domenico; Tel. 09 61 92 48 24; www.museoditaverna.org; Di–So 9.30–12.30 Uhr, April bis Okt. auch 16–19 Uhr; Eintritt 1 €

HOTELS/ANDERE UNTERKÜNFTE

Villa Marinella S. 119, D 7

Nettes, einfaches Hotel im Villaggio Racise, wenige Kilometer nördlich des Villagio Mancuso.

Contrada Savuchello; Tel. 09 61 92 20 08, Fax 09 61 92 20 18; 16 Zimmer ● bis ●● CREDIT

SERVICE

Auskunft

Parco Nazionale della Sila – Comando Stazione Forestale »Monaco«

Informationen zum Nationalpark, Lehrwanderwege und Tiergehege. Der schöne Wanderweg »Sentiero del Gigante« führt von der Waldarbeitersiedlung Tirivolo, 20 km nordwestlich des Villaggio Mancuso, zu einer 1000-jährigen Weißtanne.

Contrada Monaco di Villaggio Mancuso; Km 14 der S.S. 179dir; Tel. und Fax 09 61 92 20 30; tgl. 8–19 Uhr

Crotone und der Marchesato

Herrliche Sandstrände, kristallklares Wasser und – schon in der Antike gerühmt – die schönsten Frauen!

An einer bereits im Mittelalter strategisch wichtigen Stelle erhebt sich der ehemalige Sarazenenstützpunkt Santa Severina mit seinem mächtigen Kastell.

Die bereits in römischer Zeit einsetzende Latifundienwirtschaft hat die Landschaft des **Marchesato** tief geprägt. Rodungen und eine extensive Landwirtschaft führten zur Erosion der weichen Ton- und Mergelschichten. Tiefe Furchen und Schluchten durchziehen das niedrige Hochplateau, das manchmal an einen Fluss bei Eisgang erinnert. Für Pier Paolo Pasolini war es das Land der Apokalypse, und am Capo Donato drehte er Szenen seines Films »Il Vangelo secondo Matteo«. Eine Landreform wurde erst in den 50er-Jahren nach blutigen Protesten durchgeführt, aber inzwischen bedecken neu angelegte Ölbaumhaine und Weinberge den fruchtbaren Boden. Die Griechen der Antike, die hier siedelten, nannten das Land »Oinotria«, Weinland. Athleten der Olympischen Spiele erhielten zu jener Zeit als Siegespreis Amphoren mit Wein aus Krimisa. Die kräftigen Rotweine aus **Cirò** werden nach wie vor aus der uralten Gaglioppo-Traube gekeltert und konnten in den letzten Jahren ihrerseits Preise gewinnen. Mittelalterliche Orte wie **Santa Severina** oder **Stróngoli** bieten aus geschützter Lage einen weiten Blick über das Land. Eine gut ausgebaute Schnellstraße führt in kurzer Zeit von der Provinzhauptstadt **Crotone** über San Giovanni in Fiore in die grünen Wälder der **Sila**. Um die Halbinsel von **Capo Rizzuto** zieht sich eine endlose Abfolge schöner Strände, und die Unterwasserreviere gehören zu den besten Kalabriens.

Crotone

⇢ S. 119, F 6

59 500 Einwohner
Stadtplan → S. 57

Ein delphischer Dreifuß im Wappen der Stadt erinnert daran, dass »Kroton« nach einem Orakelspruch um 708 v. Chr. von Achäern aus Griechenland gegründet wurde. Die Stadt entwickelte sich zu einer der reichsten Poleis der Magna Graecia, gerühmt für die Schönheit ihrer Frauen und die Stärke ihrer Athleten, die häufig den Sieg in den olympischen Wettkämpfen davontrugen. Um 532 v. Chr. gelangte Pythagoras nach »Kroton«. Sein Einfluss auf die Jugend war groß, und es gelang ihm, einen Geheimbund ins Leben zu rufen. Unter dem Einfluss der Pythagoräer erklärte »Kroton« dem für seinen verschwenderischen Luxus berüchtigten »Sybaris« (→ Sìbari, S. 45) den Krieg, der 510 v. Chr. mit der vollständigen Auslöschung der Nachbarpoleis endete. »Kroton« kontrollierte nun sämtliche Handelswege im heutigen Kalabrien und entfaltete sich zu seiner größten Blüte. Des moralisierenden Pythagoras überdrüssig, vertrieb die demokratische Partei diesen und seine Anhänger aus der Stadt.

Der Bau neuer Stadtbefestigungen im 16. Jh. hat fast alle Spuren der Antike gelöscht. Zeugnisse vergangener Macht finden sich im neu eröffneten Archäologischen Museum. Das moderne Crotone hat zu Unrecht einen schlechten Ruf. Eine fehlgeschlagene Industrialisierung – Wasserkraftwerke in der Sila liefern den Strom – und damit verbundene mafiöse Machenschaften hatten der Stadt eine schlechte Presse beschert. Dank einer neuen Kommunalverwaltung ist Crotone heute eine Stadt im Aufbruch. In die romantische Altstadt kehrt das Leben zurück, es gibt eine Vielzahl kultureller Veranstaltungen, und wer Crotone besucht, wird feststellen, dass die Menschen hier ausgesprochen herzlich und die Frauen immer noch sehr schön sind.

Hotels/andere Unterkünfte

Hotel Villaggio Casarossa

⇢ S. 57, südlich c 3

Die Straße von Crotone zum Capo Colonna begleitet ein herrlicher Sandstrand. Durch eine Unterführung gelangt man an den Strand. Zahlreiche Sportmöglichkeiten. Im Sommer nur

Vollpension.
Via per Capo Colonna; Tel. 09 62 93 42 01, Fax 09 62 93 42 00; www.casarossa.it; 182 Zimmer ●●●● CREDIT

Hotel Italia S. 57, 2b
Das Hotel, in dem bereits Norman Douglas (→ Buchtipps, S. 108) abgestiegen ist, verbreitet noch immer viel Charme. Die Zimmer sind inzwischen mit eigenem Bad ausgestattet.
Piazza Vittoria 12; Tel. und Fax 0 96 22 39 10; www.hotelconcordiakr.it; 15 Zimmer ●●● CREDIT

SEHENSWERTES

Capo Colonna/Tempel der Hera Lacinia S. 119, F 7
10 km südlich von Crotone kündet die einsam stehende dorische Säule an der östlichsten Landspitze Kalabriens von einem der bedeutendsten Heiligtümer der Antike. Anfang des 6. Jh.

Einsam ragt die antike Säule am Capo Colonna über das Ionische Meer.

v. Chr. wurde der Grundstein für den Tempel der Hera Lacinia gelegt. Zu den unermesslichen Schätzen des Tempels gehörte eine Säule aus purem Gold und ein Bildnis der schönen Helena, gemalt von dem gefeierten Zeuxis um 400 v. Chr. Eine Anekdote berichtet, dass der Künstler den Auftrag erst annahm, nachdem ihm eine Auswahl der schönsten Mädchen Krotons nackt vorgeführt wurde.

Bereits in der Antike wurde der Tempel mehrfach geplündert, und im 16. Jh. schließlich mussten die Säulen und behauenen Quader für den Neubau der Kathedrale des Erzbischofs Lucifero herhalten. Nachdem durch ein Erdbeben im Jahr 1638 eine der beiden letzten stehen gebliebenen Säulen umstürzte, ragt nun einsam die dorische Säule in den Himmel.

Unweit der Säule steht die kleine Kirche **Stella Maris**, und im Mai wird ein schönes Fest zu Ehren der Madonna del Capo Colonna gefeiert (→ MERIAN-Tipp, s. o.).
Parco Archeologico di Capo Colonna; Tel. 09 62 93 48 14; tgl. 8 Uhr bis eine Std. vor Sonnenuntergang; Eintritt frei

Castello Carlo V. S. 57, c 2
Um der Gefahr türkischer Angriffe begegnen zu können, ließ Vizekönig Don Pedro de Toledo 1541 um die Stadt eine Mauer und auf der höchsten Stelle des antiken Akropolishügels eine imposante Festung errichten. Als Baumaterial dienten Überreste antiker Bauten sowie eines byzantinischen Forts. Von oben genießt man herrliche Ausblicke aufs Meer.
Di–Sa 9–13 und 15–19 Uhr, So 9.30–12.30 Uhr; Eintritt 1 €

MERIAN-Tipp

6 Madonnen-Prozession

An jedem dritten Samstag im Mai wird das Bild der **Madonna del Capo Colonna** in einer nächtlichen Prozession aus der Kathedrale von Crotone zu Fuß bis zum Capo Colonna getragen, um am Sonntag darauf mit einer Schiffsprozession nach Crotone zurückzukehren. Das byzantinische Bild der schwarzen Madonna wird heute von schwangeren Frauen verehrt, die um eine gesunde Geburt bitten. S. 119, F 6

Duomo ⇢ S. 57, b 2

Hier stand ursprünglich ein Bau aus dem 11. Jh. Im 16. Jh. wurden sowohl der Dom als auch das Erzbischöfliche Palais unter Verwendung antiker Bauteile vom Tempel der Hera Lacinia neu errichtet. Im Dom wird die Ikone der Madonna del Capo Colonna aufbewahrt. Der Überlieferung nach stammt das Bildnis vom Evangelisten Lukas (→ MERIAN-Tipp, S. 56).

tgl. 8.30–12 und 16–19.30 Uhr

MUSEEN

Museo Archeologico Nazionale ⇢ S. 57, c 2

In der umfangreichen Sammlung werden Ausgrabungsfunde von »Kroton«, aus »Kaulonia« und vom Apollon-Tempel an der Punta Alice didaktisch präsentiert. Herausragend ist die Münzsammlung, aber das wahre Highlight sind die wertvollen Weihgaben der Hera vom Capo Colonna (→ S. 56).

Via Risorgimento 63; Tel. 0 96 22 30 82; tgl. 9–20 Uhr, am 1. und 3. Mo im Monat geschl.; Eintritt 2 €

EINKAUFEN

Gioielli di Gerardo Sacco

⇢ S. 57, ab 2

Der Juwelier Gerardo Sacco lässt sich in seiner Arbeit von antiken und orientalisch-byzantinischen Goldschmiedearbeiten inspirieren.

Via Sivio Paternostro (Ecke Via Vittorio Veneto); Tel. 0 96 22 06 61; Mo–Sa 9–13 und 17–21 Uhr

ESSEN UND TRINKEN

Casa di Rosa ⇢ S. 57, d 3

Hohe helle Räume, eine schlichte Einrichtung, edles Gedeck, vor allem aber der frische Fisch zeichnen Rosa Papas Lokal in Hafennähe aus.

Via C. Colombo 11; Tel. 0 96 22 19 46; Mo–Sa mittags und abends ●● CREDIT

L'Ancora

Terrassenrestaurant in Traumlage am Kap. Frischer Fisch und abends Pizza aus dem Holzofen.

Località Capocolonna; Tel. 09 62 93 41 21; Mai–Sept. tgl., sonst nur Sa, So mittags und abends ●● CREDIT

Sparviero 2 ⇢ S. 57, c 3

Maria Ciminos alteingeführtes Lokal liegt in der Parallele der Hafenpromenade. Etwas kühle Einrichtung, dafür kommt der Fisch garantiert frisch auf den Tisch.

Via Interna Marina 37/39; Tel. 0 96 22 50 09; Di–So mittags und abends ●● CREDIT

Antica Caffeteria Castello

⇢ S. 57, c 2

Tische auf der Piazza vor dem Castello. DJs und Live-Acts.

Piazza Castello 7; Tel. 0 96 22 69 14

Am Markt von Crotone: frisches Gemüse und stets ein freundliches Lächeln.

Caffè Italia S. 57, b 2
Hübsches Café mit gepflegtem Ambiente und einer guten Auswahl an Eis und Gebäck.
Portici di Piazza Vittoria 14; Tel. 0 96 22 11 63; Mo–Sa (Sommer), Di–So (Winter) 6–22 Uhr

SERVICE

Auskunft

APT S. 57, a 2
Via Torino 148, 88900 Crotone; Tel. 0 96 22 31 85, Fax 0 96 22 67 00; www.regione.calabria.it/aptcrotone

SEGELN

Ostro S. 57, c 3
Via Firenze 68, 88900 Crotone; Tel./Fax 09 62 90 55 26; www.ostro.it

Santa Severina S. 119, E 6

2600 Einwohner

Einem Adlerhorst gleich erhebt sich das kleine Städtchen auf einem Bergplateau, das darunter liegende Neto-Tal beherrschend.

Im 9. Jh. gelang es den Sarazenen, das christliche Santa Severina zu besetzen, das sie für mehr als 40 Jahre zur Basis ihrer Raubzüge ins Landesinnere machten. Nach der Rückeroberung der Stadt im Jahre 886 durch den byzantinischen General Nikephoros Phokas rückte Santa Severina im Zuge der kirchlichen Neuordnung Kalabriens an die zweite Stelle neben Reggio.

Zahlreiche Kirchenbauten zeugen von der zwei Jahrhunderte andauernden byzantinischen Blüteperiode der Stadt. In normannischer Zeit erfolgte der Übergang zum lateinischen Ritus. Der päpstliche Lehensmann Robert Guiscard versüßte dem Klerus den konfessionellen Wechsel, indem er der neuen Kathedrale eine Armreliquie der griechischen Heiligen Anastasia stiftete. Sein größtes Augenmerk verwendete Robert Guiscard jedoch auf den Ausbau der Burg.

HOTELS/ANDERE UNTERKÜNFTE

Agriturismo Le Puzelle
Der schöne Hof von Vincenzo Bisceglia liegt zu Füßen der Stadt inmitten von Oliven- und Agrumenhainen 2 km nördlich vom Zentrum. Den Gästen stehen ein Schwimmbad und Reitpferde zur Verfügung.
Località Le Puzelle; Tel. 0 96 25 10 04, Fax 0 96 22 39 83; www.lepuzelle.it; 7 Zimmer ●

Le Grotte
Das sorgsam renovierte Haus liegt in der Nähe des Kastells. Die Kooperative, die das »Ostello« und auch ein Spezialitätenlokal betreibt, bietet geführte Wanderungen an.
Vico San Martino 21 (c/o Coop. Neophron), Via Catona 9; Tel. und Fax 09 62 55 88 04, Mobiltel. 33 32 41 75 56; 3 Zimmer ●

SEHENSWERTES

Castello
Selten lässt sich an einem Ort so konzentriert die Abfolge der Herrscher über Kalabrien und die sich den jeweiligen militärischen Techniken angepasste Entwicklung des Festungsbaus studieren. Der trutzige Maschio im Zentrum der Anlage geht auf die normannische Epoche zurück, während die vier Rundtürme unter staufischer Herrschaft angefügt wurden. Aus der Zeit der Anjou stammen die Zinnen, aus der Zeit des Grafen Carafa stammt der von Bastionen umgebene Hauptturm.
Tgl. 9–13 und 15–20 Uhr; Eintritt 5 €

Cattedrale & Battistero
Die schlichte barocke Fassade der Kathedrale umschließt in der Mitte das originale spitzbogige Hauptportal des 13. Jh., während die Innendekoration kaum 100 Jahre alt ist. Zur Rechten wird der Bau vom Erzbischöflichen Palast, zur Linken von einer Taufkapelle flankiert. Es handelt sich ursprünglich nicht um ein Baptisterium, sondern um eine im

7. bis 8. Jh. errichtete byzantinische Kreuzkuppelkirche mit einem der schönsten Kulträume Kalabriens. Die Schirmkuppel ruht auf acht antiken Säulen, das Licht fällt wie im Mittelalter durch »gelochte Platten« in den Zentralraum.

Santa Filomena

Ein von Säulen und Blendarkaden geschmückter Tambour krönt die kleine byzantinische Kirche aus dem 11. Jh. Tatsächlich handelt es sich um eine Doppelkirche, deren Kulträume übereinander liegen. Zeitweise diente der untere Raum als Zisterne, bis wundersamerweise die Muttergottes ein Kind, das durch den Boden der Oberkirche in das Wasser gefallen war, vor dem Ertrinken rettete. Die Zisterne wurde daraufhin erneut zur Kirche geweiht und erhielt zur Erinnerung an das Mirakel den Namen Santa Maria del Pozzo.

Durch das floral verzierte spitzbogige Doppelportal betritt man die Oberkirche.

Misiti Teresa, die Kustodin der Kirche, wohnt in der Hausnummer vier direkt gegenüber

Museen

Museo Diocesano

Der ehemalige Bischofspalast neben dem Dom beherbergt seit 1998 eines der sehenswertesten Diözesanmuseen Italiens. Das liegt nicht nur an den wertvollen Exponaten – darunter eine Armreliquie der hl. Anastasia –, sondern auch an der hervorragenden didaktischen Präsentation.

Tgl. 9–13 und 15–20 Uhr; Eintritt 2 €

Der Normanne Robert Guiscard, der als päpstlicher Lehensmann die byzantinische Herrschaft über Unteritalien beendete, errichtete im 11. Jahrhundert das imposante Kastell von Santa Severina.

Essen und Trinken

Le Grotte
Im »Centro di degustazione prodotti tipici«, betrieben von der Cooperativa Neophron (s. u.), bietet sich die Gelegenheit zu fairen Preisen typische Produkte und Gerichte des Marchesato zu verkosten. Offener Wein.
Vico San Martino 21; Mai–Aug. tgl. abends, im Hochsommer auch mittags, Sept.–April nur Fr, Sa abends und So auch mittags. ● bis ●●

Einkaufen

Laboratorio Natura
Der Name ist Programm: Honig, Marmeladen aus biologisch produziertem Obst, getrocknete Feigen, Olivenpaste und in Öl eingelegtes Gemüse.
Via Libertà 7; Tel. 0 96 25 16 81

Am Abend

In den Sommermonaten finden auf der Piazza regelmäßig Konzerte und Filmvorführungen statt.

Service

Auskunft

Cooperativa Aristippo
Eine Gruppe junger Leute bietet Führungen im Ort an und hilft bei der Vermittlung von Unterkünften. Information im Castello.
Tel. und Fax 0 96 25 10 69; www.aristippo.it

Cooperativa Neophron
Die Kooperative bietet geführte Wanderungen an und betreibt in der Altstadt das Ostello-Centro di degustazione prodotti tipici »Le Grotte«, ein Spezialitätenimbiss mit sympathischer Mini-Pension (s. o.).
Via Catona 9; Tel. und Fax 09 62 55 88 04, Handy 33 95 24 00 75; www.ceadelmarchesato.com

Sprachschule

Libera Accademia delle Lingue Europee ed Orientali
Die Università per i Stranieri »Dante Alighieri« aus Reggio di Calabria veranstaltet in Santa Severina ganzjährig Sprachkurse, Unterkünfte werden organisiert. Stipendien sind möglich.
- **LALEO, Via del Torrione 95, 89125 Reggio di Calabria; Tel. 09 65 31 25 93, Fax 09 65 32 36 37; www.unistrada.it**
- **c/o Comune di Santa Severina, Rione Palazzine, 88832 Santa Severina; www.comunedisantavenerina.it**

Stróngoli → S. 119, F 6

6500 Einwohner

Stróngoli steht auf den Trümmern des griechischen und später bruzischen »Petelia«. Für ihre Treue zu Rom während der Punischen Kriege erhielt die Stadt weitgehende Privilegien und wurde zum Zentrum einer ausgedehnten Latifundienwirtschaft. Zur Regierungszeit von Kaiser Antoninus Pius war ein gewisser Manio Megonio Leone größter Grundherr von Petalia und Besitzer von ausgedehnten Weingütern.

In der **Chiesa Matrice** kann man im linken Seitenschiff die mit Inschriften versehenen Basen sehen, auf denen ursprünglich die bronzenen Standbilder von Megonio, seiner Frau und Mutter standen. Ein letztes Mal wurde Megonio postum Ehre zuteil, als Librandi 1999 seinen Spitzenwein nach ihm benannte.

Hotels/andere Unterkünfte

Agriturismo Dattilo → S. 119, F 6
Wenige Kilometer nördlich von Marina di Stróngoli, in 2 km Entfernung zum Meer, liegt das Herrenhaus aus dem 17. Jh. inmitten von Olivenbäumen. Die Gäste sind in hübsch eingerichteten Nebengebäuden untergebracht. Roberto Ceraudo produziert biologisch (exzellentes Olivenöl und prämierte Weine). Gutes Restaurant. Pool, Sportmöglichkeiten in der Umgebung.
Contrada Dattilo, Marina di Stróngoli; Tel. und Fax 09 62 86 56 13; www.dattilo.it; 8 Zimmer ● CREDIT

Catanzaro und der Golf von Squillace

Hier wurde Odysseus, Urvater aller Reisenden, einst von den Phäaken gastlich aufgenommen.

Das Teatro Politeama in Catanzaro wurde in zwei Phasen erbaut, 1992 bis 1994 und 1998 bis 2002. Es ist nur einer von zahlreichen Akzenten moderner Architektur in der Stadt.

Kilometerlange Strände und ein sauberes Meer locken auch heute die Touristen. Die Buchten der Provinz Catanzaro am Ionischen Meer zählen zu den schönsten Kalabriens. Ein breites Hotel- und Restaurantangebot findet man in Copanello und Soverato, stiller und exklusiver sind die benachbarten Strände von Caminìa und Pietragrande.

Die Landenge von Catanzaro, wo der italienische Stiefel am schmalsten ist, begünstigte seit dem Neolithikum den Warenverkehr zwischen Tyrrhenischem und Ionischem Meer. Eine Schnellstraße verbindet heute den internationalen Flughafen in Lamezia Terme mit Kalabriens Hauptstadt Catanzaro. Die Region verspricht sich von dieser Achse wirtschaftlichen Aufschwung und einen neuen Wohlstand.

Catanzaro

⇢ S. 119, D 7

97 000 Einwohner

Von Byzantinern als Fluchtburg errichtet, gewann Catanzaro in normannischer Zeit an Bedeutung und blieb jahrhundertelang Hauptstadt der ausgedehnten Grafschaft der Ruffo. Wirtschaftliche Krisen, die Pest, vor allem aber die verheerenden Erdbeben von 1638 und 1783 führten zum vorläufigen Niedergang der Stadt. Nach der italienischen Reichseinigung setzte 1870 die urbanistische Neuordnung ein. Ein Spaziergang über den Corso Mazzini, der heute noch von überladenen Palazzi der vorletzten Jahrhundertwende gesäumt wird, ist wie eine Zeitreise ins Fin de Siècle.

Ansonsten hat kaum eines der alten Bauwerke die zahlreichen Katastrophen heil überstanden. Außer abenteuerlichen Brückenbauten und der geschäftigen Normalität einer italienischen Provinz- und seit 1971 auch Regionshauptstadt hat Catanzaro dem Besucher wenig zu bieten.

MERIAN-Tipp

7 Trattorien von Catanzaro

In den »putìche«, den für Catanzaro typischen kleinen und unscheinbaren Trattorien, wird »murseddu« serviert. Geschmorte Innereien in ein Fladenbrot gefüllt, von dem man kleine Bissen (»morsi«) abbeißt, daher der Name. In Pepès »putìca« am südöstlichen Altstadtrand gibt es im ersten Stock an Tischen auch andere lokale Spezialitäten wie gefüllte Auberginen oder Stockfisch. Es wird offener Wein ausgeschenkt.

Vico I, Piazza Roma 6;
Tel. 09 61 72 65 54; Mo–Sa mittags und abends ● ⇢ S. 119, D 7

Hotels/andere Unterkünfte

Club Valtur Simeri ⇢ S. 119, E 7

Feriendorf direkt am Meer. Zahlreiche Sportmöglichkeiten, in der Nähe befindet sich ein 9-Loch-Golfplatz. Nur Vollpension, von Mai bis September.

Località Chuisa, Simeri Crichi; Tel. 09 61 79 11 54, Fax 09 61 79 12 56; www.valtur.it; 260 Zimmer ●●● CREDIT

Essen und Trinken

Da Salvatore

Bodenständiges Lokal zwischen Corso Mazzini und neuer Oper. Köstliche Gnocchi, abends Pizza. Privatzimmer.

Salita I del Rosario 28; Tel. 09 61 72 43 18; Di–So mittags und abends, Aug. geschl. ● CREDIT

Einkaufen

Arcade

Vom Corso Mazzini in Richtung Duomo aufsteigend, trifft man auf Marisa Citrinitis edles Geschäft. Hier finden sich hochwertige, handgearbeitete kalabrische Erzeugnisse: geschnitzte Wurzelholzpfeifen, Keramik aus Seminara und Seidenstoffe aus Cortale.

Via Menniti Ippolito 7; Tel. 09 61 79 26 42; Mo–Sa 9–13 und 16.30–20 Uhr CREDIT

Am Abend

Cinema Teatro Masciari
Das Art-déco-Theater ist Treffpunkt der Cineasten und Jazz-Freunde.
Piazzale Le Pera 6; Tel. 09 61 72 83 90

Service

Auskunft
IAT
Via Spasari 3 (Galleria Mancuso);
Tel. 09 61 74 17 64; Mo–Fr 8.30–13 Uhr,
Mo und Mi auch 15–17 Uhr

Isola di Capo Rizzuto – Le Castella

→ S. 119, F 7

13 000 Einwohner

Die herrlichen Strände in der Nähe des Städtchens Isola di Capo Rizzuto haben die Halbinsel südlich von Crotone zu einem Touristenmekka gemacht. Zum Schutze einer noch intakten Küste und einzigartigen Unterwasserwelt wurde 1991 die **Riserva Naturale Marina** eingerichtet. Dank seiner goldgelben Sandstrände und dem Blick auf das aragonesische Kastell verwandelt sich der ehemals bescheidene Fischerort **Le Castella** in den Sommermonaten zu einem turbulenten Ferienzentrum. Doch im September kehrt dann wieder Ruhe ein.

7

Hotels/andere Unterkünfte

Capo Piccolo
Das renovierte Familienhotel am gleichnamigen Kap im Süden von Isola di Capo Rizzuto bietet geräumige, saubere Zimmer mit guten Betten und nahe gelegenen schönen Stränden.
Località Capo Piccolo; Tel. 09 62 79 92 13, Fax 09 62 79 60 53; Mai–Ende Sept.; 26 Zimmer ●● bis ●●● CREDIT

Aurora
Freundliche Gartenvilla am westlichen Ortsrand, Strand in Gehdistanz.
Via Volandrino; Tel. und Fax 09 62 79 51 37; 13 Zimmer ●● bis ●●● CREDIT

Occhiali Pascha, der aus Le Castella stammte, verbreitete als Admiral der türkischen Flotte Angst und Schrecken entlang der kalabrischen Küsten.

Sehenswertes

Castello Aragonese
Nach dem Antritt seiner Herrschaft über die Grafschaft Santa Severina ließ Graf Andrea Carafa auf dem kleinen Sandsteineiland im Jahr 1521 eine Burg errichten, um der zunehmenden Türkengefahr besser zu begegnen. Dem stärksten Bollwerk in der Kette der Küstenbefestigungen misslang jedoch seine erste Feuerprobe. Am 29. April 1536 musste Le Castella vor dem berüchtigten Korsaren Khair-ad-Din Barbarossa kapitulieren.

Zu den verschleppten Galeerensklaven gehörte auch Giovan Dionigi Galeni Occhiali, der nach seinem Übertritt zum Islam schnell Karriere machte und als Admiral des Sultans unter dem Namen Occhiali Pascha bald selbst für Schrecken und Verwüstung entlang der kalabrischen Küsten sorgte. Dessen ungeachtet hat Le Castella dem berühmten und berüchtigten Sohn auf der Piazza ein Denkmal gesetzt.
Tgl. 9–13 und 15–20 Uhr, im Sommer durchgehend bis 24 Uhr; Eintritt 1,50 €

Service

Auskunft

Riserva Naturale Marina Capo Rizzuto

Ausflugsfahrten in einem Glasbodenboot. Kontakte zu Tauchschulen.

Piazza Uccialì, Località Le Castella; Tel. 09 62 79 55 11, 09 62 79 00 00; www.riservamarinacaprizzuto.it; Juli–Sept. tgl. 8.30–13.30 und 16–20 Uhr, Okt.–Juni Mo–Do 8.30–13.30 und 15.30–17.30 Uhr, Fr 8.30–13.30 Uhr

Lamezia Terme ⇢ S. 118, C 7

1300 Einwohner

Die ausgedehnte Kommune am Golf von Santa Eufemia entstand 1968 durch die Zusammenlegung der drei Städte Sambiase, Nicastro und Sant' Eufemia di Lamezia. Der internationale Flughafen von Lamezia und gute Verkehrsanbindungen bieten die Voraussetzung für den wirtschaftlichen Aufschwung der Region.

Sambiase ist seit der Antike als Thermalkurort bekannt. Nicastro, die größte der drei Ortschaften, zieht sich, von Wäldern umgeben, mit dem hübschen Altstadtviertel **San Teodoro** den Berghang hinauf. Das ehemals mächtige Stauferkastell ist durch Erdbeben inzwischen recht mitgenommen. In Nicastro steht auch der Familienpalast von Teresa Cordopatri dei Capace, einer Frau, die durch ihr mutiges Auftreten gegen die Mafia 1995 Schlagzeilen machte.

Hotels/andere Unterkünfte

Agriturismo Trigna

Ausgesprochen freundlicher Empfang auf dem biologisch bewirtschafteten Hof, wenige Kilometer südlich des Flughafens. Ausgezeichnete Küche, Schwimmbad, Reitmöglichkeiten.

Am km 378 der S.S. 18 der Ausschilderung 2,5 km in Richtung Meer folgen. Contrada Trigna; Tel. und Fax 09 68 20 90 34; www.agriturismotrigna.it; 10 Zimmer ●● bis ●●●

Soverato ⇢ S. 119, D 8

10 600 Einwohner

Die weit gespannte Bucht mit hellem Sandstrand und ein kristallklares Meer machen Soverato zum beliebten Badeort und Treffpunkt der Windsurfer. Wenn auch nicht verschont geblieben von Bausünden der Siebziger- und Achtzigerjahre, besitzt der lebendige Fischerort immer noch eine charmante Ausstrahlung.

Essen und Trinken

Ristorante Riviera

Gepflegtes Restaurant in einer Querstraße der Uferpromenade. Die Küche basiert auf Fisch, und der wird täglich frisch geliefert.

Via Regina Elena 4–6; Tel. 09 67 53 01 96; Mi–Mo mittags und abends ●●● CREDIT

Squillace/Skylletion ⇢ S. 119, D 8

3600 Einwohner

Als Erbe des griechischen »Skylettion« und des römischen »Scolacium« erhebt sich das mittelalterliche Squillace, von einem normannischen Kastell überragt, auf einer Anhöhe von 344 m im Landesinneren und gebietet von hier mit weitem Blick über den gleichnamigen Golf. Der normannische Dom wurde nach seiner Zerstörung durch das Erdbeben von 1783 in neoromanischer Form wieder aufgebaut. Bei einem Rundgang durch das hübsche Städtchen stellt man fest, dass hier die antike Tradition des Keramikhandwerks fortlebt.

Squillaces berühmtester Sohn Flavius Magnus Cassiodorus (490–583) kehrte nach einer Karriere als Minister des Gotenkönigs Theoderich des Großen aus Ravenna in seine Heimat zurück und gründete hier eine Klosteranlage, die sich noch zu seinen Lebzeiten zu dem wichtigsten geistigen Zentrum Kalabriens entwickelte.

Nach seinem Tod zerfiel das Kloster, sein geistiges Gebäude jedoch überdauerte die Zeiten. Handschriften aus dem Kloster Vivarium finden sich zum Beispiel in den Bibliotheken von Bamberg, Kassel und Würzburg.

Hotels/andere Unterkünfte

Hotel La Giara

Charmantes Haus, nur wenige Schritte vom herrlichen Strand von Pietragrande entfernt. Zimmer mit schlichten Holzmöbeln. Gutes Restaurant.

Marina di Pietragrande; Tel. 09 67 57 65 75, Fax 09 67 57 61 63; Mai–Ende Okt.; 30 Zimmer ●● bis ●●● CREDIT

Hotel Il Gabbiano

Sehr gepflegtes Haus am Strand von Copanello. Gutes Fischrestaurant. Der Besitzer spricht Deutsch.

Via Lido 4; Copanello Lido; Tel. und Fax 09 61 91 13 43; www.hotelilgabbiano.it; ganzjährig; 22 Zimmer ●● MASTER VISA

Agriturismo L'Ovile

Herrenhaus des 18. Jh. nahe dem Scolacium. Geschmackvoll eingerichtete, komfortable Zimmer. Gut ausgestattete Gemeinschaftsküche, man kann aber auch mit der Gastfamilie essen. Kleiner Pool. Von der Abzweigung der S.S. 384 auf der S.S. 106 500 m in Richtung Reggio, am km 182 rechts abbiegen.

Località Giordano, Roceletta di Borgia; Tel. 09 61 39 14 18, Fax 09 61 39 11 56; 8 Zimmer ●

Sehenswertes

Castello Normanno

Vom restaurierten Normannenkastell, einer der wichtigen Bastionen Rogers I., geht der Blick vom Capo Rizzuto bis zu den Wäldern der Sila.

Juni–Sept. tgl. 9–13 und 15–20 Uhr, Okt.–Mai tgl. 10–12 und 16–19 Uhr; Eintritt 2 €

Duomo

Der ursprünglich normannische Bau wurde nach dem Erdbeben von 1783 neu errichtet. Im Innern das Renaissance-Grabmal des Bischofs Vincenzo Galeota.

Parco Archeologico di Scolacium

Der Eingang zum Ausgrabungsgelände liegt an der S.S. 84 Richtung Bórgia, kurz nach der Abzweigung von der Küstenstraße S.S. 106. In dem alten Olivenhain ragt unvermittelt,

Statuen edel gewandeter Römer stehen im Parco Archeologico di Scolacium.

mächtig und rätselhaft ein kolossaler Ziegelbau empor: die Ruine der Kirche **Santa Maria della Rocella**. Der nie vollendete Bau wurde vermutlich im späten 11. Jh. als eine Stiftung des Normannenherrschers Rogers I. errichtet. Rundbögen gliedern die drei Apsiden, an die sich ein breit gelagertes Querschiff und ein einschiffiges Langhaus anschließen.

Nach Cassiodor war Odysseus Gründer des griechischen »Skylletion«. Hannibal errichtete während des zweiten Punischen Krieges hier seinen letzten Brückenkopf auf italienischem Boden, und in römischer Kaiserzeit entwickelte sich »Scolacium« zu einer der wichtigsten Städte Bruttiums. Ausgrabungen haben ein Theater, Reste des Amphitheaters sowie das

Forum zum Vorschein gebracht. Sieben Togafiguren, die auf dem Forum standen, sind im Antiquarium zu bewundern. Gegen Ende des 7. Jh. verließen die Einwohner ihre Stadt aus Furcht vor den zunehmenden Piratenüberfällen und gründeten Squillace.

Località Roceletta di Bórgia; tgl. 9 Uhr bis eine Stunde vor Sonnenuntergang; Eintritt frei

Museen

Museo Naturalistico

Wo einst Cassiodorus' Kloster stand, hat Libero Gatti ein absolut sehenswertes Naturhistorisches Museum geschaffen.

Piazzale Elvira Marincola Cattaneo 4, Copanello-Stalettì; tgl. 16–19 Uhr (im Sommer bis 23 Uhr); Eintritt 5 €

Essen und Trinken

Castrum

Nettes Altstadtlokal. Hausgemachte Pasta mit »salsiccia«, gefüllte Auberginen und Fleisch zum »secondo«. Offener Wein, Flaschenweine.

Via G. Rhodio 10; Tel. 09 61 91 25 88; Mo geschl. ●● CREDIT

Porta Giudaica

Traditionell bäuerliche Gerichte in schönem Altstadtlokal. Hausgemachte Pasta, mit Auberginen gefüllte Teigtaschen, Wildschwein aus den Serre, Ziegenfleisch und frischer Fisch. Offener Wein, Flaschenweine.

Via Porta Giudaica 8; Tel. 09 61 91 25 00; Mi–Mo mittags und abends ●●

Einkaufen

Ideart

Antonio Commodaro brennt seine Keramik in einem Holzofen des 17. Jh.

Via F. Pepe; Tel. 09 61 91 26 20; Do geschl.

Am Abend

Pizzeria – Discoteca La Scogliera

Von 7.30 bis 22 Uhr Lido und Barbetrieb, danach Freiluftdisco mit Blick auf den Felsen von Pietragrande.

Lido di Pietragrande; Tel. 09 61 91 15 03; Anfang Juni–Ende Sept.

Tiriolo

S. 119, D 7

4200 Einwohner

Das mittelalterliche Bergstädtchen an den südlichen Ausläufern der Sila Piccola bietet einen atemberaubenden Ausblick auf das Ionische und Tyrrhenische Meer. An klaren Tagen scheinen die Äolischen Inseln mit dem Stromboli zum Greifen nah. Als im Neolithikum Obsidian, vulkanisches Gesteinsglas, von Lipari bis an die ionische Küste verhandelt wurde, entwickelte sich ein Siedlungszentrum am Monte Tiriolo, dem es dank der strategischen Lage gelang, die Kontrolle über diesen wichtigen Handelsweg zwischen den Meeren auszuüben. Zufallsfunde aus der Bronzezeit und der berühmte Zwei-Meere-Blick bestärkten den Historiker Armin Wolf zu der Annahme, Tiriolo könnte das in der Odyssee besungene Phäakenreich gewesen sein.

Ein bis heute lebendiges Kunsthandwerk ist das Weben der **»vancali«**, schwarzer Wolltücher.

Hotel/Essen und Trinken

Ristorante Due Mari

Spezialität des Restaurants sind die scharf gewürzten Brathähnchen. Schöner Blick auf die beiden Meere. Nebenan befindet sich ein kleines Hotel.

Via Seggio 2; Tel. 09 61 99 10 64; www.duemari.com; Di–So mittags und abends ●● bis ●●● CREDIT

Einkaufen

Bottega Artigiana Legno Art

Mirella Leone und ihre Mitarbeiterinnen fertigen wunderschöne **»vancali«** auf traditionellen Handwebstühlen. Ihr Bruder Tommaso und ihr Mann Antonio bauen kalabrische Volksinstrumente.

Vico Cigala 2; Tel. 09 61 99 14 94; Mo–Sa 9–13 und 15.30–20 Uhr

Tropea, Capo Vaticano und die Serre

Ein Paradies – vom waldreichen Hinterland bis zu den Traumbuchten des Capo Vaticano.

Sandstrände und malerische Felsen wechseln sich an der Küste bei Tropea ab.

Duftende Mittelmeervegetation, helle Sandbuchten zwischen steil aufragenden Felsklippen und ein kristallklares Meer, so stellt man sich ein Badeparadies vor. Auf der Halbinsel vom Capo Vaticano wird dieser Traum zur Wirklichkeit. Es ist also kein Zufall, dass gerade hier das Angebot an Hotels und Clubanlagen besonders gut ist. Die hübschen Altstädte von Nicòtera, Tropea und Pizzo laden zum Bummeln und Entdecken ein. Ländlich gibt sich das Gebiet am Monte Poro, und von Pizzo aus sind die bewaldeten Serre mit dem Kloster des hl. Bruno von Köln auf schöner Strecke schnell zu erreichen.

Capo Vaticano/Ricadi

S. 120, C 9

4200 Einwohner

Die Halbinsel des Monte Poro läuft am Capo Vaticano zu Hochform auf. 1 Mit einer Vielzahl kleiner Buchten dringt das türkisblaue Meer zwischen die zerklüfteten Granitfelsen. Die Strände sind weiß, und die Umweltorganisation Lega Ambiente hat höchste Wasserqualität bescheinigt.

Hotels/andere Unterkünfte

Villa del Mantineo

Etwa 500 m, bevor die Straße am Leuchtturm endet, zweigt rechts am Stromhäuschen die kurze Zufahrt zu Vittorio Micelis freundlichen Ferienapartments ab. Unverbauter Blick aufs Meer und die Insel Stromboli, Fußweg an die Praia i Focu.

Via Giuseppe Berto – Località Capo Vaticano; Tel. und Fax 09 63 66 33 26; 14 Zimmer ●●

Incoronato

Sympathisches Familienhotel mit guter Küche. Neue Zimmer im ersten Stock, kleiner Pool, wenige hundert Meter zum Strand.

Località Groticelle; Tel. und Fax 09 63 66 34 28; Mai–Okt.; 16 Zimmer ●● bis ●●● CREDIT

Essen und Trinken

Il Tempio di Nettuno +++

Kurz vor dem Leuchtturm führt rechts die kurze Stichstraße zu der schön gelegenen Bar, in der »panini« und Spaghetti serviert werden. Von der herrlichen Aussichtsterrasse erreicht man zu Fuß die Praia i Focu.

Località Capo Vaticano; Handy 33 97 14 66 30; Ostern–Ende Mai Sa, So; bis Ende Okt. tgl. morgens bis abends ●● CREDIT

Service

Auskunft

Pro Loco Capo Vaticano

Nur in den Sommermonaten.

Via Vaisette 40; 89865 S. Nicolò di Ricadi; Tel. und Fax 09 63 66 31 19

Nicótera

S. 121, D 10

7400 Einwohner

Das hübsche Städtchen erhebt sich über der fruchtbaren Piana di Rosarno wie ein Aussichtsbalkon auf den Golf von Gioia. Im 10. Jh. nach einem Sarazenenüberfall verlassen, wurde der Ort unter den Normannen wieder aufgebaut. Auf Resten älterer Festungen ist das Castello dei Ruffo erbaut, dessen Mauern ein kleines Museum bergen. Seit der römischen Antike wird hier Granit gebrochen, verarbeitet und verschifft. In den verwinkelten Gassen der Altstadt zeugen zahlreiche schön gearbeitete Portale, Säulen oder Brunnen von der Kunst lokaler Steinmetze.

Pizzo

S. 121, D 9

8500 Einwohner

Pizzo erhebt sich auf einem Felsplateau steil (ital. »a pizzo«) über dem Golfo di Sant'Eufemia und schiebt sich wie ein Schiffsbug ins Meer.

Im Kastell von Pizzo wurde Joachim Murat, Schwager Kaiser Napoleons und einst König von Neapel, 1815 hingerichtet.

In den Eisdielen auf der Piazza Repubblica, die in den letzten Jahren wie Pilze aus dem Boden geschossen sind, ist man besonders stolz auf den hier erfundenen »tartuffo«: eine Kugel Schokoladen-Nuss-Eis, mit flüssiger Schokoladencreme gefüllt und mit Kakaopulver überstreut. Sie sieht aus wie ein großer Trüffel und schmeckt ähnlich köstlich.

Unterhalb der Piazza liegt das Aragoneser-Kastell. Eine Rampe führt hinunter an die Marina mit einem schönen Strand und netten Lokalen.

Hotels/andere Unterkünfte

A Casa Janca

→ S. 71

Agriturismo Agrimare

Vier Bungalows in einem Orangenhain, umgeben von Wein- und Gemüsegärten. Privater Zugang zum Strand, Reitmöglichkeiten, Kinder willkommen. Gute Küche mit frischen Zutaten. Wenige 100 m nördlich der Autobahnausfahrt »Pizzo Calabro« von der S.S. 18 einer Stichstraße in Richtung Meer folgen.

Località Colamaio; Tel. 09 63 53 48 80; www.agrimare.it; 14 Zimmer ●●

B&B Casa Armonia

Teresa und Franco Feroleto haben in ihrem Palazzo nahe der Piazza della Repubblica ein nettes B&B eröffnet. Gemeinschaftsbad. Frühstücksterrasse mit Blick aufs Meer und auf den Stromboli.

Via Armonia 9; Tel. und Fax 09 63 53 33 37; www.casaarmonia.com; 3 Zimmer ●● bis ●●●

Sehenswertes

Castello

→ S. 118, B 8

Das aragonesische Kastell hoch über dem Hafen erlangte traurige Berühmtheit als Ort der Hinrichtung Joachim Murats. Der Schwager Napoleons, 1806 zum König von Neapel ernannt, musste nach der Restauration Ferdinands IV. im Jahre 1815 fliehen.

Mit einigen Getreuen landete er in Pizzo und versuchte das Volk zum Aufstand gegen die Bourbonen zu bewegen. Ohne Erfolg, stattdessen wurde er ergriffen und im Kastell festgesetzt. Wenige Tage später erreichte ihn das Todesurteil aus Neapel. Den bourbonentreuen Einwohnern Pizzos wurde als Dank ein Jahr lang kostenlos Salz zugeteilt.

Piazza B. Musolino; tgl. 9–13 und 15.30–19 Uhr, im Sommer länger; Eintritt 1 €

Chiesetta di Piedigrotta

Im Norden des Ortes liegt die kleine, vollständig in den Fels gehauene Kirche direkt am Strand. Errichtet wurde sie Ende des 17. Jh. von neapolitanischen Seeleuten nach glücklicher Rettung aus schwerer Seenot. Ende des 19. Jh. griff der lokale Künstler Angelo Barone zur Spitzhacke, erweiterte die Grotte und schmückte sie mit Dutzenden naiver Heiligenfiguren aus, die er direkt aus dem weichen Sandstein schlug. Sohn Alfonso setzte die Arbeit fort.

Die neuesten Werke in der heiligen Höhle sind zwei Medaillons mit den Porträts von Papst Johannes XXIII. und John. F. Kennedy und ein kniender Fidel Castro.

Jedes Jahr wird am Abend des 2. Juli das Fest der Madonna delle Grazie mit einer Meeresprozession und einem Feuerwerk gefeiert. Direkt vor der Grotte erstreckt sich ein schöner Badestrand mit Duschen.

Tgl. 9–13 und 15–17.30, April–Okt. nachmittags bis 19.30 Uhr; Eintritt 3 €

Essen und Trinken

A Casa Janca

Rita Callipo hat die alte Tonnara (Tunfischfabrik) ihrer Familie in ein charmantes Landgasthaus verwandelt. Die Zutaten der köstlichen Küche stammen aus dem Garten oder frisch aus dem Meer. Gästen, die übernachten wollen, stehen sieben gemütliche Zimmer zur Verfügung. Der schöne Strand liegt 500 m entfernt.

Riviera Prangi, Contrada Marinella; Tel. und Fax 09 63 26 43 64; Di–So mittags und abends, Nov.–Jan. geschl.
●● bis ●●● CREDIT

La Lampara

Meeresspezialitäten in der oberen Altstadt.

Via M. Salamone 128; Tel. 09 63 53 72 96; Do–Di abends ●●

Antica Gelateria Belvedere

In vierter Generation bestes »gelato«.

Piazza della Repubblica 43–44; Tel. 09 63 53 14 23; Di geschl.

Service

Auskunft

Pro Loco

Die Pro Loco hat ihre Räume im Castello bezogen und bietet auch Führungen an. Öffnungszeiten wie Castello.

Piazza B. Musolino; Tel. und Fax 09 63 53 13 10

Die in den Fels gehauene Chiesetta di Piedigrotta in Pizzo verdankt ihre Entstehung tiefer Volksfrömmigkeit und populärer Fantasie.

Serra San Bruno

S. 121, E 10

7000 Einwohner

Im Jahre 1091 folgte der hl. Bruno von Köln einer Einladung seines ehemaligen Schülers, Papst Urban II., nach Italien. Anstatt das Amt des Erzbischofes von Reggio anzutreten, bat der Gründer des Kartäuserordens in der Waldeinsamkeit der Serre eine neue Kartause errichten zu dürfen. In den Wäldern baute er zwei benachbarte Klöster, **Santa Maria del Bosco** und **San Stefano**.

Hotels/andere Unterkünfte

Certosa

Freundliches Hotel im Ort. Gutes Restaurant mit Pizzeria.

Via A. Scrivo 6; Tel. 0 96 37 15 38, Fax 0 96 37 21 30; 29 Zimmer

●● bis ●●● ✉ ♿

Agriturismo Fondo dei Baroni

Am Waldrand gelegener landwirtschaftlicher Betrieb. Ausgezeichnete Küche mit Pilzspezialitäten.

Località La Chiusa; Tel. und Fax 0 96 37 17 06, www.fondodeibaroni.com; Ostern–Okt.; Di geschl.; 4 Apartments

●● CREDIT

Sehenswertes

La Certosa San Stefano

Die heutige Kartause wurde unter dem hl. Bruno ursprünglich als Kloster für die Minderbrüder, denen die Sorge für Landwirtschaft und Krankenpflege oblag, errichtet. Nach Brunos Tod blieb einzig dieses Kloster bestehen. Durch das Erdbeben 1783 völlig zerstört, wurde ab 1856 die Kartause in neugotischem Stil wieder aufgebaut. Besuche des Klosters sind nicht möglich, interessante Einblicke in die Welt der Kartäuser erhält man im Museo della Certosa.

Santa Maria del Bosco

An Stelle der ersten Kartause, die der hl. Bruno gegen Ende des 11. Jh. in den Wäldern der Serre gründete, steht heute eine kleine barocke Kirche. Von einem Teich mit der im Wasser knienden Figur des Heiligen führt eine breite Treppe hoch. Ein stiller Friede liegt über dem Ort, die Luft riecht nach Tannenharz, und ein kleines Bächlein plätschert vorbei. Der Kirche gegenüber liegt ein barocker Bau, der die Felsengrotte mit dem Grab des hl. Bruno umkleidet. Waldwege laden zu Wanderungen ein.

Museen

Museo della Certosa

Das Museum eröffnet auf anschauliche Weise einen Blick in die geschlossene Welt der Kartäusermönche. Auf dem Rundgang durch die Ausstellung begleitet den Besucher gregorianischer Gesang.

Contrada Certosa 1; Tel. 0 96 37 06 08, Fax 0 96 37 21 96; Di–So 9–13 und 15–18.30 Uhr, Mai–Sept. nachmittags 15–20 Uhr; Eintritt 2,50 €

Einkaufen

Grenci Antonio e Vincenzo

Handgeschnitzte Pfeifen aus Erikawurzelholz in Brognaturo, einem Nachbarort von Serra San Bruno.

Viale Dante Alighieri 26; Tel. 0 96 37 40 77; Mo–Fr 8–12 und 13–16 Uhr ✉

Tropea

S. 120, C 9

7300 Einwohner

Am spektakulärsten bietet sich Tropea von der Seeseite dar: ein Streifen weißen Sandes, über dem Felswände senkrecht aufsteigen, um sich in den Mauern der alten Palazzi nahtlos fortzusetzen. Postkartenverdächtig sind auch die Blicke aus der völlig intakten Altstadt auf das türkisblaue Meer und die Wallfahrtskirche **Santa Maria dell'Isola.** Kein Wunder, dass Tropea zu den beliebtesten Urlaubsorten Kalabriens zählt.

Seit dem Mittelalter konnte die Stadt ihre Unabhängigkeit bewahren,

Santa Maria dell' Isola: Die oft zerstörte und ebenso oft wieder aufgebaute Wallfahrtskirche ist das Wahrzeichen des beliebten Urlaubsortes Tropea.

besaß ein eigenes Parlament und war außer dem König keinem Feudalherren untertan. Diese Freiheiten zogen Adelige und unternehmerische Handelsherren an, deren Paläste mit repräsentativen Portalen heute noch die Straßen säumen. Nette Lokale, aber auch unzählige Souvernirshops sind im Gewirr der Altstadtgassen zu entdecken.

HOTELS/ANDERE UNTERKÜNFTE

Hotel Residence Le Rocette Mare

Modernes Hotel in einem Pinienhain zu Füßen der Altstadt, wenige Schritte von Strand und Yachthafen entfernt. Auch Apartments. Golfplatz.

Via Mare Piccolo; Tel. 0 96 36 13 58, Fax 0 96 36 14 50; Ostern–Ende Okt., Anfang Juli–Mitte Sept. nur Halbpension; 20 Zimmer ●●● CREDIT

Agriturismo Villa Anticaglia

Gastfreundliches Herrenhaus aus dem 18. Jh. mit stilvoll eingerichteten Zimmern, inmitten von 60 ha Wein und Zitrushainen gelegen. 13 km nördlich von Tropea, kurz vor Briàtico, am Kilometer-Schild 21 von der S.S. 522 abbiegen und 4,5 km Richtung Zungri (→ MERIAN-Tipp, S. 74).

Frazione S. Costantino, Briàtico; Tel. und Fax 09 63 39 20 42; Mobiltel. 34 74 76 90 11; 8 Zimmer ●● bis ●●●

SEHENSWERTES

Cattedrale

Umfangreiche Restaurationsarbeiten, Anfang des 20. Jh. mit einigen Freiheiten durchgeführt, haben der Kirche wieder ihre mittelalterliche Gestalt zurückgegeben. Ein reicher Schmuck spitzbogiger Blendarkaden, zum Teil mit farbigen Steinen eingelegt, zieht sich an der Längsfassade und Apsis entlang.

Durch ein gotisches Portal betritt man den von barocken Zutaten völlig entkleideten Innenraum der strengen Pfeilerbasilika. In der Hauptapsis hängt das Bild der Madonna della Ro-

Grotte: Insediamento rupestre medievale

MERIAN-Tipp

8 Höhlenstadt am Monte Poro

So verlockend die Traumstrände am Capo Vaticano sind, eine Fahrt ins Hinterland ist auch nicht ohne Reiz. Am Ortsrand von **Zungri**, auf einem Plateau nördlich des **Monte Poro** gelegen, hat sich eine komplette Höhlenstadt aus byzantinischer Zeit erhalten, die bis ins 14. Jh. bewohnt war. Die Räume von über 80 Häusern, Ölmühlen und Weinpressen sind vollständig in den weichen Sandstein gegraben. Die Besichtigung der Höhlenstadt verspricht einen herrlichen Spaziergang!

www.comunezungri.it → S. 121, D 9

mania. Die Holztafel aus dem 14. Jh., der Schule Giottos zugeschrieben, ersetzt die verloren gegangene byzantinische Ikone der verehrten heiligen Jungfrau.

Santa Maria dell'Isola
Das benediktinische Heiligtum, dessen Ursprung im Mittelalter liegt, erhebt sich als Wahrzeichen Tropeas auf einem Sandsteinfelsen vor der Stadt, ursprünglich eine Insel. Erdbeben, Zerstörung durch die Türken und Restaurationen lassen nur noch wenig vom mittelalterlichen Bau erkennen.

Essen und Trinken

Vecchio Forno
Die Familie De Vita betreibt in der letzten alten Backstube Tropeas eine urige Pizzeria. Bei gutem Wetter Tische auf der Gasse. Wird es kühl, rückt man vor dem Holzofen gemütlich zusammen.
Via Caivano; April–Mitte Nov. tgl. abends ●

Osteria del Pescatore
Einfache und gute Osteria in der Nähe des Doms. Tische auch auf der Straße. Frischer Fisch und Meeresfrüchte. Lokaler Wein und Zibibbo.
Via del Monte 7; Tel. 09 63 60 30 18, 09 63 60 34 77; Do–Di mittags und abends, Nov.–März geschl. ●●

Tropea Vecchia
Die Besitzer des kleinen Altstadtlokals sind selbst Fischer. Hausgemachte Pasta. Im Sommer sollte man sich die frittierten **»surici«** (kleine lokale Fische) auf keinen Fall entgehen lassen.
Largo Barone; Mobiltel. 0 33 81 83 11 16; Apr.–Okt. mittags und abends ● CREDIT

Service

Auskunft
Pro Loco
Piazza Ercole 29, 89861 Tropea; Tel. und Fax 0 96 36 14 75; März–Okt. tgl. 9–13 und 16.30–20 Uhr

Sprachkurse

Caffè Italiano Club
Freundliche Sprachenschule im Herzen der Altstadt. Unterkunftsmöglichkeiten werden auf Wunsch organisiert.
Largo A. Pandullo 5; Tel. 09 63 60 32 84, Fax 0 96 36 17 86; www.caffeitalianoclub.net; März–Nov.

Vibo Valentia → S. 121, D 9

35 200 Einwohner

Die strategisch günstige Lage des Ortes hat alle Völker Kalabriens angezogen. Aus der Zeit des griechischen »Hippónion«, einer Tochterkolonie von »Lokroi« (→ Locri, S. 80), stammen eindrucksvolle Reste der Stadtmauer aus dem 4. bis 5. Jh. v. Chr. im Osten der Stadt nahe des Friedhofs. Eine Besichtigung von Vibo Valentia beginnt am besten mit dem Besuch des normannischen Kastells, in dessen Räumen auch das Archäologische Museum untergebracht ist. Von den Mauerzinnen genießt man an einem klaren Tag Ausblicke, die vom Capo Palinuro bis zum Ätna (auf Sizilien) reichen. Zu Füßen des Kastells breitet sich die schöne Altstadt aus.

Hotels/andere Unterkünfte

Risorgimento
Stilvoll restauriertes Altstadthotel in einem Palazzo des 19. Jh. Gutes Restaurant nebenan.
Via Pietro Coletta 12; Tel. und Fax 0 96 34 11 25; 34 Zimmer ●● bis ●●● CREDIT

Museen

Museo Archeologico Statale Vito Capialbi
Hervorragend präsentierte Ausgrabungsfunde griechischer Grabbeigaben, darunter auch ein bei den Olympischen Spielen der Antike gewonnener Preispokal.
Castello Normanno-Svevo; tgl. 9–18.30 Uhr, Aug.–Sept. Sa auch 21–22.30 Uhr; Eintritt 2 €

Essen und Trinken

Maria Rosa
Solide »cucina di mare« am Hafen von Vibo Valentia Marina.
Via Toscana 13, Vibo Valentia Marina; Tel. 09 63 57 25 38; Di–So mittags und abends ●●● CREDIT

Vecchia Vibo
Geschmackvoll eingerichtetes Lokal in den ehemaligen Pferdeställen des Palazzo di Francia. Gute Küche, abends auch Pizza aus dem Holzofen.
Via G. Murat 2; Tel. 0 96 34 30 46; Do–Di mittags und abends ● bis ●● CREDIT

Service

Auskunft
APT Vibo Valentia
Via Forgiari 20, Vibo Valentia; Tel. 0 96 34 20 08, Fax 0 96 34 43 18; www.costadei.it

Pro Loco
Piazza Diaz 11/12, 89900 Vibo Valentia; Tel. und Fax 0 96 34 53 00; www.prolocovibovalentia.it

Segeln

Vibo Valentia Marina besitzt den besten Segelhafen Kalabriens (→ Routen und Touren, S. 93).

Hoch über dem Golf von Gioia genießen Urlauber und Bewohner im hübschen Städtchen Nicótera die Abendstimmung.

Reggio di Calabria und der Aspromonte

In der rauen Gebirgswelt des Aspromonte wird auch heute noch die Sprache Homers gesprochen.

Der zehn Kilometer nördlich von Bova gelegene Ort Roghudi, der wegen Erdrutschgefahr von seinen Bewohnern verlassen wurde, zieht sich als steinernes Rückgrat über der Fiumara Amendolea hin.

Die Provinz Reggio ist voller Kontraste. Neben einer grandiosen und weitgehend intakten Natur mit schroffen Berggipfeln, tosenden Wasserfällen und faszinierenden Tallandschaften gibt es allerdings auch unattraktive Städte wie Gioia Tauro oder Palmi.

In romantischen Fischerorten wie Scilla lassen sich die unvergesslichen Sonnenuntergänge erleben, die der Costa Viola ihren Namen gaben, und die Bronzekrieger in Reggio nehmen es mit den bedeutendsten Kunstschätzen der Welt auf. Der Aspromonte steht seit 1994 als Nationalpark unter Schutz.

Bova → S. 121, D 12

500 Einwohner

Eine kurvenreiche Straße führt hoch nach Bova, ins Zentrum der »area grecanica«. Straßenschilder sind zweisprachig beschriftet, auf Italienisch und Griechisch.

Noch bis ins 19. Jh. wurde in den entlegenen Bergorten des südlichen Aspromonte griechisch gesprochen, und 1920 gelang es dem deutschen Forscher Rohlfs nachzuweisen, dass es sich dabei um das Alt-Griechisch der untergegangenen Magna Grecia handelte. Heute besinnt man sich auf dieses Erbe und ist stolz auf eine einzigartige Identität.

Hotels/andere Unterkünfte

Agriturismo Il Bergamotto

→ S. 27

Essen und Trinken

Cooperativa San Leo – Ristorante Grecanico → S. 121, D 12

Die Kooperative betreibt auf Anfrage ein kleines Lokal, das außerhalb des Ortes an der Straße Richtung Roghudi liegt.

Via Polemo; Mobiltel. 34 79 35 02 78 ●

Service/Hotels und andere Unterkünfte

Cooperativa San Leo → S. 121, D 12

Engagierte Gruppe junger Leute (s. o.), die Trekking-Touren im Aspromonte und Übernachtungen in Privathäusern von Bova organisert (→ Routen und Touren, S. 96).

Via Polemo, 89033 Bova; Tel. und Fax 09 65 76 21 65, Mobiltel. 34 73 04 67 99; 50 Betten ●

Gambarie di S. Stefano in Aspromonte → S. 120, C 11

1500 Einwohner

In einer Stunde vom Meer aus zu erreichen, hat sich Gambarie, inmitten ausgedehnter Buchen- und Nadelwälder gelegen, zu einem Zentrum des Sommer- und Wintersports entwickelt. Neben zahlreichen Hotels, Restaurants und einem Sessellift findet sich hier auch die Verwaltung des Parco dell'Aspromonte. Mit einer Karte des Nationalparks ausgestattet, kann man zu kürzeren und längeren Wanderungen aufbrechen.

Nicht versäumen sollte man die **Cascate Maesano**, spektakuläre Wasserfälle im Oberlauf der Fiumara Amendolea. Gutes Schuhwerk ist erforderlich. Mit dem Auto kann man auch an den 1955 m hohen Montalto heranfahren, um dann das letzte Stück bis auf den höchsten Gipfel des Aspromonte zu Fuß zurückzulegen. Der 360-Grad-Blick an klaren Tagen ist atemberaubend. Der Ätna im benachbarten Sizilien scheint dann zum Greifen nah.

Hotels/andere Unterkünfte

Miramonti

Familiär geführtes Hotel mit rustikalen Zimmern direkt an der Skipiste. Gutes Restaurant mit Pilz- und Wildspezialitäten.

Via degli Sci 10; Tel. 09 65 74 30 48, Fax 09 65 74 31 90, www.hotelmiramonti gambarie.it; 42 Zimmer ●● CREDIT

SERVICE

Auskunft

Ente Parco Nazionale dell'Aspromonte

Wanderkarten, Infos.

Via Aurora; Tel. 09 65 74 30 60, Fax 09 65 74 30 26; www.gambarie.it; Mo–Fr 8–14 Uhr, Di, Do auch 15–18 Uhr

Gerace

S. 121, E 11

3000 Einwohner

Stadtplan → S. 79

Die Bedrohung durch Piraten und Malaria veranlasste die Bewohner von »Lokroi Epizephyrioi« (→ Locri, S. 80)
8
gegen Ende des 8. Jh., ihre Stadt zu verlassen, um sich einen sicheren Siedlungsplatz im Landesinneren zu suchen. Ein voranfliegender Sperber (griech. hierax) soll ihnen den Weg zu dem Felsmassiv gewiesen haben, auf dem sich die mittelalterliche Stadt heute erhebt. Gerace erlebte seine Blütezeit unter normannischer Herrschaft, und auch die Kathedrale, Kalabriens größter Sakralbau, stammt aus dieser Epoche.

Mit dem Bau der Eisenbahn gegen Ende des 19. Jh. entstand in der Küstenebene der neue Ortsteil **Gerace Marina**, der inzwischen wieder den antike Namen **Locri** angenommen hat. Gerace blieb von modernen Bauentwicklungen völlig verschont, und ungestört vom Verkehr kann man heute durch eine der schönsten Altstädte Italiens schlendern. Einen Abstecher lohnt auch das ehemalige Handwerkerviertel Borgatella zu Füßen der Altstadt. An der höchsten Stelle erheben sich die immer noch eindrucksvollen **Ruinen des normannischen Kastells**, vom dem aus sich ein atemberaubender Blick auf die Bergkämme des Aspromonte bietet.

HOTELS/ANDERE UNTERKÜNFTE

La Casa di Gianna S. 79, d 2

Stilvolles und luxuriöses Hotel in einem alten Palazzo. Schönes Terrassenrestaurant.

Via Paolo Frascà 4; Tel. 09 64 35 50 24, Fax 09 64 35 50 81; www.lacassadigianna.it; 10 Zimmer ●●●● CREDIT

B&B Il Giardino di Gerace

Anita Scaglione hat mit ihrem irischen Mann Brandon Bartley die gastliche Oase am Altstadtrand geschaffen. Gemütliche Zimmer öffnen sich auf den namensgebenden Garten mit tollem Aspromonte-Blick.

Via Fanfani 8, Tel. und Fax 09 64 35 67 32; www.ilgiardinodigerace.com ●● bis ●●●

SEHENSWERTES

Cattedrale S. 79, bc 2–3

Der größte Sakralbau Kalabriens wurde 1045 geweiht und in der Stauferzeit erneuert. Man betritt die Kathedrale durch die Krypta von der Chorseite. Die antiken Säulen in der Krypta wie auch in der Kirche stammen von den Tempeln des antiken »Lokroi« (→ S. 80).

In der Basilika, die weder im Grundriss noch in ihren beeindruckenden Dimensionen byzantinischen Kirchen entspricht, wurde bis ins Jahr 1480 der griechische Ritus gefeiert. Erst wenn man in die Vierung tritt, kann man Wölbungstechniken erkennen, wie sie für den byzantinischen Kuppelbau typisch sind.

Tgl. 9.30–13 und 15–19 Uhr, in den Sommermonaten länger, Okt.–April Mo geschl.; Eintritt 1,50 €

Chiesa di San Francesco S. 79, c 1

Man betritt die Kirche durch ein reich verziertes Seitenportal, das an sizilische, von islamischer Kunst beeinflusste Steinmetzarbeiten erinnert. Im Inneren fallen die üppig mit Marmorintarsien geschmückten Altäre des 17. Jh. auf. Hinter dem Hauptaltar steht das Grabmal des Prinzen Ruffo, ein Meisterwerk des späten 14. Jh., vergleichbar jenem der Sangineto in Altomonte (→ S. 31) oder des Admirals Romano in Scalea (→ S. 44).

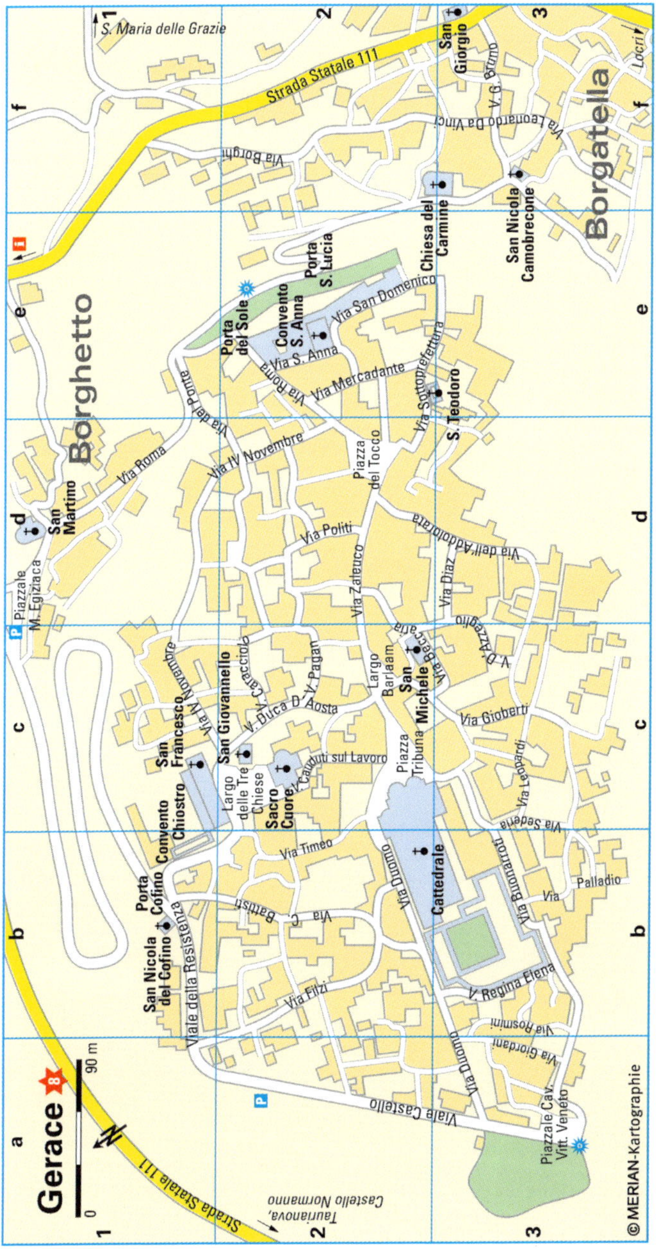
Gerace
8
0
90 m
Strada Statale 111
Taurianova, Castello Normanno
S. Maria delle Grazie
Borghetto
Borgatella
Piazzale M. Egiziaca
San Martino
Via Roma
Via del Ponte
Porta del Sole
Convento S. Anna
Porta S. Lucia
Via San Domenico
Via S. Anna
Via Mercadante
Via IV Novembre
Piazza del Tocco
Via Sottoprefettura
S. Teodoro
Chiesa del Carmine
San Nicola Camobrecone
San Giorgio
V. G. Bruno
Via Leonardo Da Vinci
Via Borghi
Locri
Via Politi
Via Zaleuco
Via dell'Addolorata
Via Diaz
Largo Barlaam
San Michele
Via Beccaria
V. D'Azzeglio
Via Gioberti
Via Leopardi
Via Sedarie
Via Buonarroti
Via Palladio
San Francesco
San Giovannello
V. Caracciolo
V. Duca D'Aosta
V. Pagan
Largo delle Tre Chiese
Sacro Cuore
V. Caduti sul Lavoro
Piazza Tribuna
Convento Chiostro
Porta Cofino
San Nicola del Cofino
Viale della Resistenza
Via Timeo
Via C. Battisti
Via Duomo
Cattedrale
Via Filzi
V. Regina Elena
Via Rosmini
Via Giordani
Viale Castello
Piazzale Cav. Vitt. Veneto
©MERIAN-Kartographie

Chiesa di San Giovanelo (San Giovanni Crisòstomo) → S. 79, c 2
Das kleine byzantinische Kirchlein stammt aus dem 11. Jh. An den Wänden haben sich einige Freskenreste erhalten. Eine Ikonostase wurde aufgestellt, seitdem hier wieder griechisch-orthodoxe Gottesdienste gefeiert werden.

Essen und Trinken

La Terrazza → S. 79, nördl. e 1
Familiäres Terrassenlokal. Würste und Wein aus eigener Herstellung, Die Pasta ist hausgemacht, und obwohl Michele Orlando Metzger ist, gibt es auch hervorragende fleischlose Gerichte. Im Sommer Pizza aus dem Holzofen, zum Dessert: der Süßwein Greco di Gerace.
Via Nazionale; Tel. 09 64 35 67 39; Mi–Mo mittags und abends ●●

Lo Sparviero → S. 79, d 2
Rustikales Altstadtlokal in hohen Gewölben. Solide lokale Küche mit hausgemachter Pasta, Fleisch zum »secondo« und viel Gemüse. Der Wirt vermittelt Zimmer im historischen Zentrum.
Via Luigi Cadorna 6; Tel. 09 64 35 68 26; Di–So mittags und abends ●

Bar Del Tocco → S. 79, d 2
Giuseppe Rinaldis bereitet exzellente »granite« aus Jasminblüten, Kaffee, Erdbeeren, Maulbeeren, Zitronen, Feigen und Bergamotten zu.
Piazza del Tocco 7; Fr–Mi morgens bis abends

Service

Auskunft
Punto Turistico Informativo → S. 79, nördl. e 1
Kiosk in der Nähe des Restaurants »La Terrazza« Loc. Calvario; Tel. 09 64 35 60 01 (Comune Gerace)

Locri

→ S. 121, E 11

13 000 Einwohner

3 km südlich des modernen Locri liegen die Ausgrabungen des antiken »Lokroi Epizephyrioi«. Als Letzte der

»Landschaftsbild« aus Dächern in der Borgatella des geschichtsträchtigen Gerace.

großen Poleis wurde »Lokroi« um 673 v. Chr. an der ionischen Küste nördlich des Zephirion Acron, des heutigen Capo Bruzzano (→ S. 25), gegründet. Die Geschichte begann mit einem Skandal. Griechische Aristokratinnen verließen zusammen mit den männlichen Sklaven auf Schiffen ihre Heimat Lokris, nachdem die Ehemänner wieder einmal zu viel Zeit im Krieg und zu wenig in den ehelichen Betten verbracht hatten. Alltag und Religion im antiken Lokroi blieben in ungewöhnlicher Weise von Frauen bestimmt, und im Kult drückte sich das durch die starke Verehrung der Aphrodite, Demeter und Persephone aus.

Sehenswertes

Area archeologica di Locri Epizefiri

→ S. 121, E 11

Die bislang getrennt voneinander zu besuchenden Ausgrabungszonen (Ticket aufbewahren!) sollen in den kommenden Jahren zu einem großen archäologischen Park zusammengefasst werden. In der **Contrada Marasà**, nahe des Museums, sind Reste der ursprünglich 7 km langen Stadtmauer und die Basis eines ionischen Tempels zu sehen. Jüngere Ausgrabungen haben nachgewiesen, dass dieses Heiligtum dem Aphrodite-Kult geweiht war. Man nimmt sogar an, dass der berühmte »Trono Lodovisi« aus dem Palazzo Altemps in Rom ursprünglich aus der Cella des Tempels stammt.

Von der S.S. 106 erreicht man auch das Wohn- und Gewerbegebiet Centocamere, wo die Grundmauern einer großen Stoa (geschmückte Säulenhalle) und zahlreiche Häuser sowie einige Keramik-Brennöfen entdeckt wurden. Eine Stichstraße führt zu dem am Hang gelegenen antiken Theater, dessen Sitzreihen den weiten über das Blick Meer als stimmungsvolles Schauspiel anbieten.

Tgl. 9 Uhr–1 Std. vor Sonnenuntergang; 1. und 3. Mo im Monat geschl.; Eintritt 2 €

Museen

Museo Nazionale di Locri Epizefiri

Lange Jahre ein bescheidenes Antiquarium, präsentiert sich das Museum seit 1998 mit einer umfangreichen und didaktisch aufbereiteten Sammlung. Alltag und Kult in der antiken Stadt werden anschaulich dargestellt. Das Gros der Ausgrabungsfunde befindet sich allerdings im Museum von Reggio (→ S. 82).

Tgl. 9–20 Uhr, 1. und 3. Mo im Monat geschl.; Eintritt 2 € (inkl. Arch. Zone)

Reggio di Calabria

→ S. 120, C 11–12

178 000 Einwohner
Stadtplan → Umschlagkarte hinten

Der schlechte Ruf, eine Hochburg des organisierten Verbrechens zu sein, eilt der Stadt an der Stiefelspitze Italiens voraus.

Seit ihrer Gründung durch Griechen im 8. Jh. v. Chr. hat Reggio zu allen Zeiten eine beherrschende Rolle in Süditalien gespielt. Die Erdbeben von 1783 und 1908 haben jedoch architektonische Zeugnisse vergangener Epochen weitgehend zerstört. Ihre einzigartige Lage am Stretto und der großzügige Wiederaufbau im historisierenden Liberty-Stil machen Reggio trotz alledem zu einer schönen Stadt. Zum touristischen Highlight wurde Reggio di Calabria aber erst dank der 1972 aus dem Meer bei Riace (→ S. 90) aufgetauchten und seit 1981 im Archäologischen Museum aufgestellten antiken Bronzekrieger. Die Piazza Indipendenza öffnet sich seit dem Sommer 2000 auf die vom Stararchitekten Pier Luigi Nervi entworfene Meerespromenade. Die neue Promenade begleitet den alten, großzügig angelegten **Lungomare** (Parkmöglichkeiten) mit prächtigen Gummibäumen, Magnolien und hohen Palmen, vom Dichter Gabriele d'Annunzio als »Il più bel chilometro d'Italia« beschrieben.

Hotels/andere Unterkünfte

Hotel Lungomare

→ Umschlagkarte hinten, d 1

Freundliches Hotel in Liberty-Palazzo nahe dem Archäologischen Museum. Dachterrasse mit Meerblick, Badestrand auf der Straßenseite direkt gegenüber. Bewachter Parkplatz.

Via Genovese Zerbi 13 B; Tel. 0 96 52 04 86, Fax 0 96 52 14 39; www.hotellungomare.rc.it; 32 Zimmer ●●● CREDIT

Hotel Palace

→ Umschlagkarte hinten, d 1

Vor wenigen Jahren renoviertes Hotel der Siebzigerjahre. Wenig Charme, zentrale Lage. Garage.

Via Vittorio Veneto 95; Tel. 0 96 52 64 33, Fax 0 96 52 64 36; www.regiocalabria.it; 64 Zimmer ●●● CREDIT

Museen

Museo Archeologico Nazionale

→ Umschlagkarte hinten, d 1

Seit wenigen Jahren präsentiert sich eine der bedeutendsten archäologischen 9 Sammlungen Italiens nach modernen museumsdidaktischen Kriterien. Schaubilder rekonstruieren in der vorgeschichtlichen Abteilung das Umfeld der »Grotta del Romito« (→ S. 43). Einen breiten Raum nehmen die Ausgrabungsfunde von »Lokroi Epizephyrioi« (→ Locri, S. 80) ein. In der umfangreichen Münzsammlung im ersten Stock fehlt selbst der Prägestock eines Fälschers nicht. Die größten Schätze des Museums befinden sich allerdings im Untergeschoss. In einem klimatisierten Saal stehen die beiden weltberühmten Bronzekrieger von Riace auf ihren erdbebensicheren Podesten. Von den überlebensgroßen nackten Helden geht eine starke erotische Ausstrahlung aus, wobei der Krieger A in der Gunst des Publikums vorne liegt. Völlig zu Unrecht wird der im gleichen Saal ausgestellte Kopf eines namenlosen Philosophen meist nur mit einem Seitenblick gewürdigt.

Die berühmten Bronzekrieger von Riace – antike Helden – sind heute im Archäologischen Museum von Reggio di Calabria zu besichtigen.

Piazza De Nava 26; www.museodellacalabria.com; Juni–Sep. tgl. 9–20, Sa 20–23 Uhr, 1. und 3. Mo im Monat geschl.; Eintritt 6 €

Essen und Trinken

London Bistro

→ Umschlagkarte hinten, c 3

Seit über 30 Jahren eine verlässliche Adresse für gute Antipasti, hausgemachte Nudeln und Fisch. Als lokale Spezialität wird Stockfisch serviert.

Via Ossana 2/f; Tel. 09 65 89 29 08; Di–So mittags und abends ●●● CREDIT

Einkaufen

Fiori di Calabria

→ Umschlagkarte hinten, c 3

Seit 1946 produziert die Familie Chirico Parfums, Essenzen, Badesalze und Seifen. Aus Bergamotten-Essenz kann sich jeder sein eigenes Duftwasser mischen.

Via Osanna 3/c; Tel. 09 65 89 24 73; www.fioridicalabria.com; Di–Sa 9–13 und 17–20 Uhr, Mo 17–20 Uhr

Am Abend

Gelateria Cesare

⇢ Umschlagkarte hinten, d 1–2

An diesem Kiosk an der Piazza Indipendenza gibt es das beste Eis der Stadt, im Sommer bis 2 Uhr nachts.
Via C. Colombo 2

Service

Auskunft

Informazione Accoglienza Turistica

⇢ Umschlagkarte hinten, c 4

Auskunft und Prospekte. Eine volkskundliche Ausstellung gibt einen guten Überblick vom Kunsthandwerk.
Corso Garibaldi 329; Tel. 09 65 89 20 12; Mo–Sa 8–20 Uhr

www.tuttoqui.it/reggiocalabria/

Tagesaktuelle Veranstaltungshinweise für Reggio und Umgebung.

Scilla

⇢ S. 120, C 11

5500 Einwohner

Den mythischen Felsen der »Skylla«, von Homer im zwölften Gesang der Odyssee als Wohnort eines sechsköpfigen Ungeheuers beschrieben, beherrscht heute das mittelalterliche Kastell. Großartige Ausblicke, schöne Strände, ein sauberes Meer mit guten Tauchgründen und die freundliche Atmosphäre machen Scilla zu einer der besten Adresse an der Costa Viola (→ Routen und Touren, S. 93).

Hotels/andere Unterkünfte

Albergo-Ristorante Boccaccio

Modernes Hotel an der Bahnlinie zwei Schritte vom Strand entfernt. Nebenan liegt die einfachere Dependance und das ausgezeichnete Restaurant.
Via Marina 42, Canitello-Villa San Giovanni; Tel. 09 65 75 94 45, Fax 09 65 79 80 46; 19 Zimmer ●● bis ●●● CREDIT ♿

Le Sirene

Einfache Pension direkt am Strand südlich des Kastells. Einige der Zimmer mit Blick aufs Meer.
Via Nazionale 57; Tel. 09 65 75 41 21; 14 Zimmer ●● ✉

Essen und Trinken

Da Pippo

Das kleine Restaurant am Lungomare auf Höhe der Pension »Le Sirene« ist ein Garant für beste lokale Fischküche.
Via C. Colombo; Tel. 09 65 75 43 23; Fr–Mi mittags und abends ●●● CREDIT

Service

Tauchen

Scilla Diving Center

Die Tauchschule von Paolo Barone arbeitet von April bis November. Es werden Tauchgänge entlang der gesamten Costa Viola angeboten – für Fortgeschrittene.
Via Annunziata 2, 89058 Scilla; Tel. 09 65 75 45 85, Fax 0 96 54 55 67; www.scilladiving.it

Im Spätherbst werden im Süden Kalabriens die Netze zur Olivenernte ausgelegt.

Stilo

S. 121, F 10

3000 Einwohner

In byzantinischer Zeit ein bedeutendes Zentrum basilianischen Mönchtums. Über dem Ort erhebt sich heute noch das schönste Beispiel einer mittelalterlichen Kreuzkuppelkirche. Stilo liegt inmitten einer wunderschönen Landschaft. Lohnende Ausflüge führen zu den Ruinen von »Kaulonia« (→ Routen und Touren, S. 90) ans Meer, auf die Serra San Bruno (→ S. 72) oder in den Nachbarort Bivongi und zur Cascata del Marmàrico.

In der Nähe von Stilo kam am 5. Sept. 1568 Tommaso Campanella zur Welt. Der kalabrische Dominikanermönch hatte einen starken Hang zur Umsetzung seiner sozialpolitischen Ideen und scheute auch nicht vor einem Bündnis mit den Türken, als er einen Aufstand gegen die spanische Fremdherrschaft probte. Insgesamt verbrachte er 27 Jahre seines Lebens im Gefängnis. In seinem Hauptwerk »Civitas Solis« entwirft er ein utopisches Gemeinwesen, das kein Privateigentum kennt und jedem Arbeit, Geld sowie die Möglichkeit zur Entfaltung seiner Fähigkeiten garantiert.

MERIAN-Tipp

9 Malerisches Pentidàttilo

Eine bizarre Felsformation, die an eine geöffnete Hand erinnert, überragt die Häuser von **Pentidàttilo** (griech. »pente daktyloi« = fünf Finger). Nähert man sich dem malerischen Ort, fällt die merkwürdige Stille auf. Hier lebt kaum ein Mensch. Der meistfotografierte Ort Kalabriens ist ein Opfer der Verwaltung. Mitte der 1960er-Jahre konstatierte der Zivilschutz die Gefahr eines Bergrutsches, und der Ort musste evakuiert werden. Die Provinz Reggio gehört zu den seismisch besonders gefährdeten Gebieten, und es gibt keine Gemeinde der Provinz, die in den vergangenen 30 Jahren keine Erdbebenschäden davongetragen hat – keine, bis auf Pentidàttilo. Offensichtlich war die »Felshand« mächtig genug, alles Unheil der Natur vom Ort abzuwehren, nur gegen die Bürokraten konnte sie nichts ausrichten.

S. 120, C 12

Hotels/andere Unterkünfte

Hotel Città del Sole
Komfortables modernes Hotel.
Viale Roma 8; Tel. 09 64 77 55 88, Fax 09 64 77 57 00; www.cittadelsolehotel.it; 33 Zimmer ●●● CREDIT

Agriturismo Villa Vittoria
Villa in Panoramalage über dem Fiume Assi. Komfortable Zimmer mit Küche, man kann aber auch gemeinsam mit der Familie Perronace essen. Von der ionischen Küste kommend, von der S.S. 110 links nach Guardavalle abbiegen.
Contrada Batteria, Guardavalle; Tel. 09 64 77 59 11, Fax 09 67 81 68 23; www.villavittoria.net; 6 Zimmer ●● bis ●●●

B & B Savina Franco
Signora Franco vermietet im Nachbarort Bivongi einige einfache Zimmer. Für ihre Gäste hält sie jede Menge guter Tipps bereit.
Via XXIV. Maggio 52, Bivongi; Tel. 09 64 73 11 29, Fax 09 64 73 57 67; 12 Zimmer ●

Sehenswertes

La Cattolica
Hoch über dem Ort erhebt sich am steilen Hang, gleich einem Adlerhorst, der kleine byzantinische Bau La Cattolica. Im 10. Jh. wurde die ziegelgemauerte Kreuzkuppelkirche als »katholikón«, das heißt als lithurgisches Zentrum der umliegenden basilianischen Lauren, errichtet. In ihrer baulichen Vollkommenheit gehört die Cattolica zu den schönsten byzantini-

schen Bauten überhaupt. Antike Säulen stützen die fünf Tambourkuppeln.
Sept.–April 7–19 Uhr, Mai–Aug. 8–20 Uhr

Monastero San Giovanni Theristìs
Im Norden von **Bivongi** liegen in stiller Einsamkeit die restaurierten Ruinen eines byzantinischen Klosters. Von der Basilika aus dem Ende des 11. Jh. stammen noch Seitenwände und Apsiden, deren Architektur einen normannisch-sizilianischen Einfluss erkennen lassen. Lange Zeit dem Verfall preisgegeben, lebt hier seit 1995 ein orthodoxer Mönch vom Berg Athos (→ Routen und Touren, S. 89). Der Ort ist kein touristischer Besichtigungspunkt zum Abhaken, sondern will zur Stille und Meditation einladen.
Juli–Mitte Sept. tgl. 17 Uhr–Sonnenuntergang, sonst nur Sa, So und Feiertage 10–12 und 15–17 Uhr

ESSEN UND TRINKEN

La Vecchia Miniera
In dem Nachbarort von Stilo liegt eine verlassene Bergbausiedlung, der die Trattoria ihren Namen verdankt. Rustikales Lokal, das hausgemachte Pasta, frische Forellen und Ziegenfleisch vom Grill serviert.

Eine 7 km lange Schotterstraße führt von hier bis in die Nähe des Wasserfalls **Cascata del Marmárico**. Es empfiehlt sich nicht, das eigene Auto zu benutzen, allenfalls ein Mountainbike. Der Besitzer der Trattoria fährt seine Gäste in einem Jeep für ca. 10 € pro Person zu dem beeindruckenden Naturschauspiel.
Contrada Perrocalli, Bivongi; Tel. 09 64 73 18 69; Di–So mittags und abends ●●

SERVICE

Tauchen

Diving Center Punta Stilo
Professionelles Kursangebot – auch in Unterwasserfotografie.
Via Nazario Sauro 10, 89049 Stilo; Tel. und Fax 09 64 77 53 07; Mobiltel. 0 33 98 10 98 23, 0 33 96 81 71 85; http://digilander.iol.it/divingpuntastilo; April–Okt.

Kunstfertige Natur: Bizarre Felsen am Capo Bruzzano, südlich von Locri, erinnern an die Skulpturen von Henry Moore.

Routen und Touren

Ländliche Idylle: Eine Ziegenherde zieht über abgeerntete Hügel bei Crucoli Toretta in der kalabrischen Provinz Crotone.

Die Stiefelspitze – eine der ursprünglichsten und vielfältigsten Regionen Italiens – bietet alternative Erlebnisreisen mit landschaftlichen und kulturellen Höhepunkten.

Entlang der mythenreichen Ostküste – Wo Kalabrien Griechenland am nächsten ist

Charakteristik: Autofahrt von Nord nach Süd entlang der Ostküste; **Dauer:** 3–4 Tage; **Länge:** 350 km; **Einkehrmöglichkeiten:** genügend Übernachtungsmöglichkeiten auf der ganzen Strecke. In Riace bietet »Città Futura G. Puglisi« Unterkünfte in restaurierten Altstadthäusern an. Via Pinnarò 20, Riace, Tel. und Fax 09 64 77 80 08, citta.futura@tiscali.it; ● ✉; Agriturismo-Tipp an der Küstenstraße zwischen Rocella Jónica und Marina di Gioiosa Jónica: Le Giare, km 111 der S.S. 106 – Rocella Jónica; Tel. 0 96 48 51 70, Fax 09 64 86 31 15; www.agriclublegiare.it; 10 Zimmer 🐕; **Kontakt:** Città Futura G. Puglisi (s. o.); **Karte:** → S. 116–123

Die Mythen des Herakles und Epen, die von den Irrfahrten der hellenischen Helden nach ihrem Sieg über Troja berichten, erinnern an den ersten Kontakt der griechischen Welt mit den Küsten Kalabriens. Handelsbeziehungen der mykenischen Bronzezeit sind durch Vasenfunde gut belegt, aber erst im 8. Jahrhundert v. Chr. setzte eine massive Einwanderung ein. Den hervorragenden Handelsmöglichkeiten, fruchtbaren Ackerflächen und einem wald- und rohstoffreichen Hinterland verdankten die neuen Griechenstädte ihren raschen Aufstieg zu Reichtum und Macht, mit »Reghion«, »Lokroi«, »Kroton« und »Sybaris« an erster Stelle. Konkurrierende Handelsinteressen und Neid waren aber auch Anlass für Konflikte, und nicht selten lagen die Poleis miteinander im Krieg. Das Ende der »Megale Hellas« (»Magna Graecia«) kam schleichend, durch Angriffe italischer Völker, die Expansionspolitik der syrakusischen Tyrannen, den Feldzug des Pyrrhos und schließlich durch das siegreiche Vordringen der Römer im Zuge der Punischen Kriege. Nur wenige antike Baureste konnten den Erdbeben und späteren menschlichen Eingriffen widerstehen. Anders als auf Sizilien steht von den zahlreichen Tempeln nur noch eine einzige Säule. Der Besuch der reich bestückten archäologischen Museen, von denen einige erst kürzlich neu gestaltet oder eröffnet wurden, hilft der Fantasie, in die Vergangenheit zu reisen.

Nach dem Verfall des Weströmischen Reiches und den Wirren der Völkerwanderung gelang es Kaiser Justinians Feldherren Mitte des 6. Jahrhunderts, Süditalien und Sizilien dem Byzantinischen Reich einzugliedern. Der Geist von Byzanz breitete sich auch in Kalabrien aus. Zudem flüchteten in dieser Zeit immer mehr griechische Mönche vor den immer weiter vordringenden Arabern aus Syrien, Palästina oder Ägypten nach Sizilien und Kalabrien. In einer zweiten Fluchtwelle kamen Mönche in den italienischen Süden, nachdem der Ost-Kaiser Leo III. im Jahre 726 ein Verbot der Bilderverehrung erlassen hatte. Nach der Eroberung Siziliens durch die Araber verließen zahlreiche griechische Mönche die Insel in Richtung Kalabrien. Die Eroberung durch die Normannen im 11. Jahrhundert bedeutete zwar das Ende byzantinischer Herrschaft, doch politische Stabilität und die Toleranz der Normannen schufen erst die Voraussetzungen für die kulturelle Entfaltung des griechisch-orthodoxen Klosterwesens in Kalabrien. Zu den Juwelen byzantinischer Architektur zählen **S. Marco in Rossano**, die **Cattolica in Stilo** und das **Battistero in Santa Severina**. Die letzten griechischen Bistümer hatten bis ins 15. Jahrhundert Bestand. Doch die Geschichte geht hier nicht zu Ende. Seit dem 24. Februar 1995 lebt im Kloster San Giovanni Theristìs bei **Bivongi** ein Mönch vom Berg Athos, und ein lange unterbrochener Dialog wurde wieder eröffnet. »Panta rhei«, alles fließt.

Mit dem Namen von Sybaris verbinden sich heute noch Vorstellungen von höchstem Luxus und raffinierter Lebensführung. Ein Wirtschaftswunder schuf die Grundlage des von allen beneideten Reichtums, doch »Kroton« zerstörte die Nachbarstadt so endgültig, dass die Reste erst in den sechziger Jahren lokalisiert werden konnten. Die **Scavi di Sìbari** zeigen bislang nur bescheidene Reste des viel jüngeren römischen »Copia«.

Sybaris Copia → Rossano

Die S.S. 106 Ionica verläuft immer parallel zur Küste und vorbei an den antiken Städten der Magna Graecia in Richtung Süden bis Reggio. Auf kurzen Abstechern ins Hinterland begegnet uns die Welt von Byzanz. An Corigliano Calabro vorbei erreichen wir das **Patirion**. Die Fahrt zu dem Basilianerkloster ist mit wunderschönen Ausblicken auf die Piana di Sìbari verbunden. In schöner Lage treffen wir auch das nahe gelegene **Rossano** an, das »Ravenna Kalabriens«.

Rossano → Santa Severina

Zurück auf der Küstenstraße begleiten uns prächtige Olivenhaine und der Ausblick aufs Meer, bis sich die Landschaft um **Cirò** in ein Meer von Wein verwandelt. Kurz vor Crotone führt im Tal des Neto der Weg nach **Santa Severina**, einer Festungsstadt mit byzantinischer Vergangenheit.

Santa Severina → Le Castella

An Industriegebieten vorbei erreichen wir die schöne Altstadt von **Crotone**. An Stelle der antiken Akropolis erhebt sich eine Festung aus dem 16. Jahrhundert. Im neu eröffneten Archäologischen Museum erwarten uns dafür ausgesuchte Schätze, wie

Ein byzantinisches Kleinod: La Cattolica in Stilo. Mit ihren fünf Kuppeln soll die Kirche an Christus und die vier Evangelisten erinnern.

das goldene Diadem der Göttin Hera. Verführerische Strände begleiten uns auf dem Weg zum **Capo Colonna**. Von dem einst berühmten Hera-Tempel erhebt sich nur noch eine einzige Säule über dem unendlichen Blau des Ionischen Meeres. Jeder kennt das Aragoneser-Kastell, aber nur wenigen ist bekannt, dass in **Le Castella** in der Nähe des Yachthafens noch Reste von antiken Steinbrüchen zu sehen sind, die auch das Baumaterial für den Tempel der Hera geliefert haben.

Le Castella → San Giovanni Theristìs

Die Buchten auf der Halbinsel von Capo Rizzuto und die lang gezogenen Strände am Golfo di Squillace bieten alles, was man sich für einen gepflegten Badeurlaub wünscht. Die Reste von »Kaulonia«, einer von »Kroton« gegründeten Stadt, liegen an der **Punta Stilo** bei Monasterace direkt am Meer. Von dem großen dorischen Tempel des 5. Jahrhunderts v. Chr. steht nur noch die Basis. Ein kleines Wunder ist es, dass in der nahe gelegenen Klosterruine von **San Giovanni Theristìs** inzwischen wieder ein griechischer Mönch lebt.

San Giovanni Theristìs → Riace

An **Riace** wäre außer dem schönen Strand nichts weiter bemerkenswert, wenn Stefano Mariottini am 21. August 1972 beim Schnorcheln nicht so etwas wie eine Leiche entdeckt hätte. Eine archäologische Leiche besonderer Art: Zwei perfekt erhaltene, antike griechische Bronzestatuen des 5. Jahrhunderts v. Chr. wurden aus dem Wasser geborgen, die nach aufwendiger Restaurierung im Archäologischen Museum von Reggio nun die Kassen klingeln und die Herzen der Besucher höher schlagen lassen (→ S. 82).

Riace → Gerace

Ein Höhepunkt der Tour ist **Gerace** mit seiner zauberhaften Altstadt. Eine der kleinen byzantinischen Kirchen ist inzwischen wieder dem orthodoxen Ritus geweiht worden, und die Säulen der größten Kathedrale Kalabriens stammen, wie könnte es auch anders sein, aus dem antiken »Lokroi«.

Gerace → Bova

Das Bild einer großgriechischen Stadt in Süditalien vermitteln am besten die Ausgrabungen bei **Locri**. Am **Capo Spartivento** vorbei schwenkt die S.S. 106 nach Westen. In einigen Bergorten des südlichen Aspromonte, wie in **Bova** zum Beispiel, hat das Alt-Griechisch der Magna Graecia allen Zeitläuften getrotzt, hier verstehen einige Menschen noch die Sprache Homers.

Bova → Reggio

Reggio setzt mit seinem großartigen archäologischen Museum den Schlussakkord dieser Tour. Am **Lungomare**, dem »schönsten Kilometer der Welt«, können Sie sich mit Blick über den Stretto auf den Ätna die Beine vertreten.

MERIAN-Tipp

10 Parco Museo Santa Barbara in Mámmola

Auf Höhe von Marina di Gioiosa Jónica lohnt der kurze Abstecher nach Mámmola! Hier hat der Künstler Nik Spatari (geboren 1929) in herrlicher Landschaft auf dem Gelände des verfallenen Klosters S. Barbara, von seiner niederländischen Frau und Kunstmanagerin Hiske Maas unterstützt, in der Nähe seines Heimatdorfes einen einzigartigen Skulpturengarten geschaffen, die Basilianerkirche modern restauriert und mit einem Gemäldezyklus ausgeschmückt, der »Jakobs Traum« thematisiert. Besucher und Teilnehmer an Workshops sind nach schriftlicher Anmeldung herzlich willkommen. Restaurant.

Parco Museo Santa Barbara; Tel. und Fax 09 64 41 42 20; www.musaba.org, info@musaba.org; April–Okt. tgl. 9–18 Uhr (im Sommer bis 21 Uhr), Nov.–März 9–13 Uhr; Eintritt 4 €

→ S. 121, E 10

Bahnfahrt nach Camigliatello Silano – Mit Volldampf auf das Hochplateau der Sila 5

Charakteristik: Fahrt in einer Schmalspurbahn mit 1034 m Höhenunterschied; **Dauer:** einfache Fahrtzeit rund 1,5 Std.; **Länge:** rund 40 km einfach; **Fahrpreis:** 1,80 € einfach; **Verbindungen:** zweimal am Tag; **Fahrten mit Dampflokomotiven:** Le Vie della Perla, Via N. Parisio 6, 87100 Cosenza, Tel. 09 84 79 18 22, Fax 09 84 79 46 65, www.leviedellaperla.it; **Einkehrmöglichkeit:** → MERIAN-Tipp, S. 16; **Kontakt:** Ferrovie della Calabria, Stazione Cosenza Centro; bzw. Direzione, Via F. Crispi 117, 88100 Catanzaro; Tel. 09 61 89 62 82; www.ferroviedellacalabria; **Karte:** → S. 91 und S. 118, C 6

Auch wenn das Auto das Verkehrsmittel der ersten Wahl bleibt und sich viele der schönsten Ecken des **Parco Nazionale della Sila** ohne ein eigenes Fahrzeug gar nicht erreichen lassen, kann die Fahrt mit den Schmalspurbahnen der Ferrovie della Calabria dennoch ein besonderes Erlebnis sein. Eine technische Meisterleistung sind die Gleisstrecken auf jeden Fall, und man erlebt Ausblicke, welche die Straße nicht bieten kann. Die mittlerweile gut ausgebauten Straßen machen aber das wirtschaftliche Weiterbestehen der Schmalspurbahn fraglich. Vielleicht bietet der Tourismus eine Lösung.

Cosenza → Pedace

Ein starker Auftakt: Gleich nach Verlassen des Bahnhofs **Cosenza Centro** (238 Meter) geht es über den Crati, und ein Postkartenblick öffnet sich auf die Altstadt mit dem Stauferkastell auf der Spitze des Colle Pancrazio. Die Bahn folgt jetzt dem Lauf des Crati, an Olivenhainen und Gärten vorbei.

Der erste Halt ist **Pedace**. Hier zweigt die Linie ab, die durch die **Sila Piccola** nach Catanzaro führt. Bevor es weitergeht, werden schnell noch ein paar Kanister vom Bahnhofsvorsteher eingeladen. Auf der Rückfahrt erhält er sie zurück, gefüllt mit dem guten Quellwasser der Sila.

Pedace → Casole

Richtung Camigliatello beginnt jetzt der Anstieg. Schon sieht man die Ortschaften der Vorsila an den bewaldeten Hängen. Die Bahn muss eine Reihe von Brücken und Tunnel überund durchqueren auf ihrem Weg nach oben. Nach **Casole-Trenta** beschreiben die Gleise sogar eine Spirale im Berg. Nur Schmalspurbahnen gelingt es, so enge Kurven zu fahren.

Casole → Célico

Allmählich lockert sich die Bebauung, und pfeifend fährt die Bahn über die unbeschrankten Übergänge. Nach **Spezzano della Sila** fällt der Blick auf das hübsche Städtchen **Célico**, und eine Zeitlang geht es parallel zur neuen Superstrada, die in null Komma nichts von Cosenza in die Sila führt. Kein Wunder, dass kaum noch jemand diesen Bummelzug benutzt. Gebaut wurde die Bahn zu Zeiten Mussolinis ursprünglich auch nicht für den Personenverkehr, sondern für den Holztransport. Durch Flaumeichen- und Kastanienwälder geht es weiter. Zwischendurch sieht man hinab aufs breite Crati-Tal und das Küstengebirge.

Célico → Camigliatello

Nach **S. Pietro in Guarano** – längst hält die Bahn nicht mehr an allen Stationen – beginnt der mit 60 Prozent steilste Teil des Anstieges, für Bahnen mit normaler Spurbreite nur noch mit Zahnrädern zu bewältigen. Bei der Abfahrt sind die Weichen an der Station Santo Ianni immer erst auf das übersandete Bremsgleis gestellt. Sicher ist sicher, doch gebraucht wurden sie bislang noch nicht. Nach und nach beginnen Buchen die Eichen abzulösen. Jetzt fährt man durch den längsten Tunnel, zwei Meter unter dem Monte Scuro durch, und plötzlich ist man in der **Sila**. Hohe Kiefern, der Bahnhof von Moccone könnte auch in den Alpen stehen. Auf ebener Strecke geht es durch dichten Wald bis **Camigliatello** (1272 m), der Endstation. Die Wasserkanister werden gefüllt, und bald kehrt der Dieseltriebwagen wieder um.

Im Lokschuppen von Camigliatello steht der ganze Stolz der Ferrovie della Cabaria. Eine Dampflokomotive, 1926 von den Borsig Werken in Berlin gebaut und immer noch im Einsatz. Zumindest wenn er gewünscht und für Gruppen vorbestellt wird. Auf der Linie Camigliatello – S. Giovanni in Fiore werden ausschließlich touristische Fahrten organisiert, der Liniendienst ist eingestellt worden. Die Strecke liegt im Gebiet des Parco Nazionale und führt über Italiens höchstgelegene Schmalspurbahnstation Silvana Mansio auf 1406,5 Meter Höhe.

Schnell wie eine Schafherde – unterwegs mit der Ferrovie della Calabria.

Segeltörn zu den Liparischen Inseln – Auf den Spuren von Odysseus & Co.

Charakteristik: Fahrt mit einer gecharterten Segelyacht zur Insel Stromboli; **Dauer:** eine Woche; **Länge:** ca. 150 Seemeilen; **Einkehrmöglichkeiten:** in allen angelaufenen Häfen; **Kontakt:** Pontile Carmelo c/o Franco Ranieri, Via Emilio 66, Vibo Marina; Tel. 09 63 57 26 30, Fax 09 63 57 25 10 bzw. Ostro (→ Segeln, S. 59, www.ostro.it, www.seateam.it); **Preisbeispiel:** 34-Fuß-Yacht mit drei Kabinen für maximal sechs Personen ab 1400 € pro Woche; **Seekarte:** Nauticard N° 1014 »Vibo Valentia-R. Calabria-Messina-Capo d'Orlando«, 1:250 000; **Karte:** → S. 120/121

Gerade 42 Seemeilen von **Vibo Valentia Marina** entfernt erhebt sich vor Kalabriens Westküste die rauchende Silhouette des Stromboli, eines ständig Feuer speienden Vulkans und einer der sieben bewohnten Inseln des Äolischen (Liparischen) Archipels.

Kalabriens Küsten waren immer auch ein Schauplatz seiner bewegten Geschichte: von den mythischen Reisen des Odysseus, dem Abenteuer der griechischen Kolonisation, den Seeschlachten zwischen Puniern und Römern bis hin zu der ständig drohenden Gefahr durch die Piraten, von der die unzähligen Küstenwachtürme noch heute zeugen. Auf einem Segeltörn kann man diesen Spuren folgen, dabei aber auch verschwiegene Badebuchten und romantische Häfen ansteuern.

Der mit Abstand beste Segelhafen an der tyrrhenischen Küste Kalabriens ist die **Marina von Vibo Valentia** (34°43'4N 16°07'8E). Im Südost-Teil des Hafens liegt der Pontile da Carmelo und bietet das ganze Jahr über einen perfekten Service: Liegeplätze, Treibstoff, Strom, Wasser, Duschen/WC, Reparaturen und Autovermietung.

Es gibt etliche Lebensmittelgeschäfte und eine Anzahl guter Lokale direkt am Hafen. Jeden Tag finden an der Mole Tripoli Fischauktionen statt, und in den Werften werden noch Holzschiffe auf Kiel gelegt.

Franco Ranieri und die Segelschule Ostro verchartern Segelyachten von 9 bis 30 Meter und Katamarane gegen Vorlage eines BR- bzw. SKS-Scheins. Transfers vom Flughafen Lamezia Terme werden organisiert.

Vibo Valentia → Stromboli

Die Vulkaninsel **Stromboli** lässt sich von Vibo Valentia aus in einem Tag erreichen (42 Seemeilen). Bei ruhiger See kann man vor der Nordwestküste Anker werfen. Schwarze Strände und die weiß gekalkten kubischen Häuser der Insel bilden einen exotischen Kontrast. Bei allem Staunen sollte man nicht vergessen, dass die Inseln in der Odyssee auch als Sitz des Aiolos, Herrscher über die Winde, beschrieben werden. Eine gewisse seemännische Erfahrung ist also nötig. Es gibt eine Anzahl schöner Ankerbuchten auf den Inseln, aber nur der Porto Pignataro (38°28'2N 14°57'1E) auf Lipari bietet bei allen Wetterlagen ausreichend Schutz.

Stromboli → Scilla

Mit einem Schlag von 42 Seemeilen erreicht man von Stromboli aus den Hafen von **Scilla** (38°15'N 15°43'E), einen der romantischsten an der kalabrischen Küste. Das von Homer besungene »Skylla« liegt am Stretto di Messina. Doch keine Angst, das Erdbeben von 1783 hat die Topografie des Meeresbodens so verändert, dass von den gefährlichen Strudeln kaum noch etwas zu spüren ist. Über den hübschen Fischerort wacht heute das Kastell hoch oben auf einem Felsen. Vor dem Felsen liegen einige der besten Tauchgründe der **Costa Viola.**

Scilla → Gioa Tauro

Vorbei an Bagnara – im Sommer fahren von hier die Boote zum Schwertfischfang aus – erreicht man den Hafen von **Gioa Tauro** (38°26'7N 15°53'5E). Romantisch ist der Hafen von Gioia sicher nicht, vielmehr gigantisch. Der größte Containerhafen Italiens spielt heute eine bedeutende Rolle im Überseehandel. Das hier geplante Stahlwerk wurde nie fertig gestellt.

Gioa Tauro → Capo Vaticano

Mit den schönsten Buchten wartet das **Capo Vaticano** auf, doch Achtung, die Felsen reichen zum Teil bis knapp unter die Meeresoberfläche.

Capo Vaticano → Tropea

Neu ausgebaut ist der Hafen von **Tropea** (38°40'7N 15°54'1E). Das hübsche Städtchen, elf Seemeilen westlich von Vibo Marina, zählt zu Recht zu den beliebtesten Touristenzielen in Kalabrien.

Anker werfen im glasklaren Wasser vor dem Capo Vaticano – die schönsten Plätze erreicht man mit dem Segelschiff.

Wanderung auf den Monte Séllaro – Panoramarunde vom Feinsten

Charakteristik: aussichtsreiche Gipfelbesteigung, teils im Schatten, Wasser unterwegs; **Dauer:** 5 Stunden; **Höhenunterschied:** 790 m; **Schwierigkeitsgrad:** mittel, mit größeren Kindern möglich; **Orientierung:** Tafeln und Markierungen im Gelände; **Einkehr- und Übernachtungsmöglichkeiten:** → S. 34 (Cherchiara di Calabria); **Karte:** → S. 116, C 2–3

Der Monte Séllaro (1439 m) erhebt sich als südöstlichste Bastion des Pollino-Massivs über der Piana di Sìbari. Unterwegs und vom Gipfel bieten sich großartige Panoramen. Die beschriebene Rundwanderung ist der schönste von zahlreichen Wegen, die durch das 300 ha große Naturschutzgebiet Parco della Cessuta führen. Das auf halber Strecke gelegene Santuario S. Maria delle Armi ist auch per Auto zu erreichen.

Cerchiara di Calabria → Santuario S. Maria delle Armi

Startpunkt ist die Piazza vor der Carabinieri-Kaserne am nördlichen Ortsrand von Cerchiara di Calabria. Auf steiler Rampe geht es zum Tal des Caldanella hinab und, die Kläranlage zur Linken, rechts über die Brücke. Auf der Wiese oberhalb der Kleinviehställe verzweigt sich der Weg. Wir folgen dem alten Pilgerweg zum Santuario nach rechts (auf der Karte als Nr. 4 bezeichnet). Als breiter Maultierpfad führt er im Tal bergauf, um nach etwa 40 Minuten links durch ein Gatter abzuzweigen. (Geradeaus setzt sich der Treppenweg Richtung M. Séllaro fort, später unser Rückweg.) In langen Serpentinen zieht sich der breite Pilgerweg durch Feldahorn-Haine. Nach einer weiteren Stunde erreichen wir kurz vor der Passhöhe einen Picknickplatz. Von der Anhöhe mit dem oratorio (Bildstock) bietet sich ein toller Ausblick. Der Weg setzt sich auf einer breiten, bald abfallenden Fahrspur fort. Der Blick weitet sich über die Piana di Sìbari mit den Massiven der Sila und des Orsomarso im Hintergrund. 20 Minuten später ist Santuario S. Maria delle Armi erreicht.

Santuario S. Maria delle Armi → Monte Séllaro

Vom Parkplatz (Wasserstelle!) führt ein Weg bis auf den Sattel zwischen M. Séllaro und M. Panno Bianco. Hier auf dem Pfad nach links, der an der Nordflanke des M. Séllaro im Wäldchen weiter leicht ansteigt. Nach vorne öffnet sich der Blick auf die Timpa di S. Lorenzo. Bevor der Weg wieder abfällt, verlassen wir ihn nach links, queren zum Grat und steigen in südwestlicher Richtung zum Gipfel des M. Séllaro auf. Der letzte Teil des Anstiegs erfolgt über die verkarstete Nordflanke. Der grandiose Ausblick entschädigt für die Anstrengung (ca. 1,5 Stunden ab Santuario)!

Monte Séllaro → Cerchiara di Calabria

Zurück bis auf den breiten Hauptweg und hier nach links weiter absteigen. Mit Blick auf die Straße, die Cerchiara mit dem Santuario verbindet, schwenkt der Weg nach rechts. Um einen Felsriegel herum geht es anschließend durch ein Gatter. Der Weg folgt dem Verlauf der Talmulde nach rechts. Kurz danach quert ein steingepflasterter Weg, der sich nach rechts in Richtung »Caserma Forestale« fortsetzt. Wir folgen weiter dem Weg geradeaus in Richtung Cerchiara. Nach kleinem Zwischenanstieg fällt der breite Maultierpfad wieder ab. Vorbei an einer betonierten Tränke – rechts zweigt der Pilgerweg zum Santuario ab – erreichen wir auf bekanntem Weg Cerchiara di Calabria.

Wanderung durch den gastfreundlichen Aspromonte – Abenteuer auf Schritt und Tritt

Charakteristik: geführte Wanderung auf alten Maultierpfaden; **Dauer:** acht Tage und sieben Nächte; **Länge:** 80 km; **Schwierigkeitsgrad:** mittel; **Einkehrmöglichkeiten:** zahlreiche einfache Tavernen, Vollverpflegung durch Veranstalter; **Kontakt:** Naturaliter c/o Agriturismo Il Bergamotto; www.naturaliterweb.it (→ S. 27); **Kosten:** ca. 400 € (inkl. Führer, Gepäcktransport, Übernachtung in einfachen Unterkünften, Vollverpflegung, topografischen Karten und einem Buch der Nationalparkverwaltung); **Wanderkarten:** topografische Karten des IGM (Istituto Geografico Militare) im Maßstab 1:25 000 und 1:50 000; **Karte:** → S. 97

Edward Lear, englischer Zeichner und Limerick-Dichter, notierte 1847 in sein kalabrisches Reisetagebuch:

Ein Strom aus Stein: die spektakuläre Fiumara Amendolea im Aspromonte.

»Die Reisemethode, die mein Gefährte und ich wählten, war die einfachste und auch die billigste: Wir gingen zu Fuß. Ein Esel schleppte unser bisschen Gepäck, und ein Führer begleitete uns. Da in jener Provinz keine Rasthäuser zu finden sind, es sei denn an der Straße, die entlang der Westküste führt, ist der Reisende hier immer auf die Gastfreundschaft der Bewohner jener Orte angewiesen, die er besucht.« Mehr als 150 Jahre später hat sich eine Gruppe engagierter Kalabresen auf die Spuren des Engländers begeben und in dem noch jungen Nationalpark eine zukunftsweisende Form des sanften Tourismus entwickelt. Das Projekt, anfänglich durch das EU-Programm C.A.D.I.S.P.A. (Conservation and Development in Sparsely Populated Areas) unterstützt, steht längst auf eigenen Beinen und ist eine ideale Möglichkeit, eine wilde Naturlandschaft sowie die Kultur und Gastfreundschaft der »grecani« unmittelbar zu erleben. In den entlegenen Bergorten des südlichen Aspromonte leben immer noch Menschen, deren sprachliches Erbe der Magna Graecia allen Wirren der Geschichte widerstanden hat, daher trägt dieser Landstrich auch den Namen »area grecanica«.

Die vorgeschlagene Wanderreise mit dem Namen »Il sentiero dell'inglese« dauert eine Woche, kann aber beliebig verkürzt werden. Die Wanderungen folgen von Ort zu Ort den alten Maultierpfaden. Das Gepäck wird wie zu Lears Zeiten von Eseln getragen. Die Langohren, durch die Aufgabe der Landwirtschaft oder die Motorisierung inzwischen zum Aussterben verdammt, bekommen hier einen neuen Daseinszweck.

Pentidàttilo → San Pantaleone

Die erste Etappe führt auf alten Wirtschaftswegen von Pentidàttilo nach

San Pantaleone. **Pentidàttilo** ist ein malerischer Ort, aber auch eine Geisterstadt. Zahlreiche Orte im Aspromonte liegen heute verlassen. Die Gründe sind zahlreich: Erdbeben, Sturzfluten, schlechte Zufahrtsstraßen und keine Aussicht auf Arbeit. Manchmal, wie im Fall von Pentidàttilo, auch einfach nur bürokratische Willkür.

San Pantaleone → Amendolea

Über **Condofuri** erreicht man, vorbei an Hartweizenfeldern, **Amendolea** und den Agriturismo Il Bergamotto. Ausschließlich in diesem südlichsten Zipfel des italienischen Stiefels gedeihen die Bergamotten, eine Zitrusfrucht, deren Öle das Geheimnis des »Eau de Cologne« ausmachen und den Tee des Earls von Grey zum Duften bringen.

Die nächsten Tage bieten immer wieder neue Ansichten der **Fiumara**
10 **Amendolea**, eine der großartigsten Landschaftsformen, die man hier erleben kann. Wie ein breiter Eisstrom bewegen sich die hellen, trockenen Kiesbetten, die nur nach den Winterregen Wasser führen, aus dem scharf zerklüfteten Gebirge in Richtung Meer.

Amendolea → Gallicianò

Wie Bova ist **Gallicianò** einer jener Orte, in denen teilweise noch Alt-Griechisch gesprochen wird. Vor wenigen Jahren wurde die alte byzantinische Kirche Madonna delle Grecia wieder dem orthodoxen Ritus geweiht.

Gallicianò → Staiti

Dichte Steineichenwälder umgeben **Staiti**, östlich von Bova, ein Ort, in dem die Handwebstühle noch nicht zum alten Holz gehören.

Staiti → Pentidàttilo

Über Palizzi und Bova schließt sich der Bogen, und an den Ruinen des Kastell der Ruffo vorbei, mit einem letzten grandiosen Blick von oben auf die Fiumara Amendolea, geht es zum Agriturismo Il Bergamotto (→ S. 27) zurück. Der Agriturismo bietet sich auch für eine Reihe schöner Tageswanderungen an, Ugo Sergi ist mit guten Tipps behilflich.

Wissenswertes über Kalabrien

Ferienglück am goldgelben Strand von Tropea: Ab Mitte Mai bis spät in den Herbst hinein findet man im türkisfarbenen Nass Erfrischung – nach hitzigem Ballspiel und ungezwungenen Spaziergängen.

Fragen zu Geschichte, Sprache und kulinarischen Begriffen, zu Anreise, Feiertagen, Reiselektüre und -wetter? Dieses Kapitel enthält wichtige Informationen und wertvolle Tipps von A–Z.

Jahreszahlen und Fakten im Überblick

15 000 v. Chr.
Altsteinzeitliche Siedlungsspuren in den Grotten von Práia a Mare, Scalea und im Tal des Lao.

9000 v. Chr.
Die Grotta del Romito im Tal des Lao, ein mittelsteinzeitliches Heiligtum, wird mit Ritzzeichnungen ausgeschmückt.

5000 v. Chr.
Obsidianfunde (vulkanisches Gesteinsglas) belegen Handelskontakte mit den Liparischen (Äolischen) Inseln.

8. Jh. v. Chr.
Beginn der griechischen Kolonisation in Süditalien und Sizilien. Niederschrift der »Odyssee«.

5./4. Jh. v. Chr.
Griechenstädte Kalabriens geraten unter den Einfluss von Syrakus. Bedrohung durch Bruttier.

3. Jh. v. Chr.
Durch Siege über Pyrrhos und Hannibal festigt Rom seine Vormachtsstellung in Süditalien. Die ehemaligen Griechenstädte sind zerstört oder sinken zu römischen Provinzstädten herab. Rom bezieht Bruttium (Kalabrien) in das System der großen Staatsstraßen ein.

73–71 v. Chr.
Während der Sklavenkriege verschanzt Spartacus sich zeitweilig in Bruttium.

5. Jh.
Mit der Plünderung von Rom im Jahre 410 besiegeln die Westgoten den Niedergang des Weströmischen Reiches. Im gleichen Jahr stirbt König Alarich auf dem Weg nach Nordafrika in Cosenza. Zusammen mit den eroberten Schätzen soll der Gotenkönig im Flussbett des Busento begraben worden sein.

6./11. Jh.
Kalabrien ist Teil des byzantinischen Kaiserreiches. Zahlreiche griechische Mönche wandern aus Vorderasien, Nordafrika und Sizilien ein.

11./13. Jh.
Um 1060 schließen die Normannen Robert und Roger von Hauteville die Eroberung Kalabriens ab. Blüte des byzantinischen und katholischen Klosterwesens. 1130 begründet der Normanne Roger II. die »Monarchia Sicula«, zu der außer Sizilien der gesamte Süden Italiens gehört.

1250
Tod des Stauferkaisers und Normannenenkels Friedrich II. Nach schweren Kämpfen fällt Süditalien unter die Herrschaft der Anjou.

15. Jh.
Christen aus Albanien, die Arbëresh, flüchten vor dem Türkensturm nach Süditalien. Die Mehrzahl lässt sich in Kalabrien nieder. 1442 gerät Süditalien unter die Herrschaft des spanischen Hauses Aragon.

16. Jh.
Sizilien und Süditalien werden 1503 dem Reich Karls V. eingegliedert und von Vizekönigen regiert. Vizekönig Don Pedro de Toledo lässt an den Küsten des Regno di Napoli insgesamt 337 Wachtürme errichten, um der Gefahr der Türkenüberfälle besser Herr zu werden.

Die Barone überlassen ihre Ländereien Verwaltern, während die wirtschaftliche Not der landlosen Bauern immer dramatischere Formen annimmt. Hier liegen auch die Wurzeln für den Brigantismus (»Briganti«: aufständische Räuber und Söldner).

1541 werden die Juden aus dem Regno vertrieben, 1561 Massaker an den Waldensern verübt.

17./18. Jh.
Bauernrevolten, Erdbeben, Malaria und Pest gehören zum Alltag in Kalabrien. Die kurzlebige französische Republik von Neapel wird 1799 von den Brigantenbanden des kalabrischen Kardinals Ruffo blutig niedergeschlagen, die Bourbonen kehren auf den Thron zurück.

1783
Am 5. Februar wird das südliche Kalabrien durch ein starkes Erdbeben völlig verwüstet.

19. Jh.
Napoleons Truppen marschieren in Neapel ein, und Joachim Murat, Schwager des Kaisers, wird zum König von Neapel ernannt. Mit drakonischen Maßnahmen geht General Manhès in Kalabrien gegen die Briganten vor. Das Volk lehnt die Franzosenherrschaft ab und begünstigt die Restauration der Bourbonen. Nach der Befreiung Siziliens von den Bourbonen landet Giuseppe Garibaldi am 20. August 1860 mit seinen Freischärlern in Mèlito di Porto Salvo.

1861
Im Süden Italiens stimmten 1,3 Millionen für den Anschluss an das Königreich Italien unter Viktor Emanuel II. von Piemont. Das Versprechen Garibaldis, den Bauern Land zu geben, wird nicht eingelöst. Neue blutige Aufstände brechen aus.

19./20. Jh.
Mehr als ein Drittel der kalabrischen Bevölkerung wandert nach Amerika aus.

1908
Reggio und Messina werden durch ein verheerendes Erdbeben vollkommen zerstört.

bis 1943
Mussolini verbietet die Emigration.

1943
Landung der Alliierten in Süditalien. Landwirtschaft und die ohnehin schwach entwickelten Infrastrukturen nehmen schweren Schaden.

1950
Gründung der »Cassa per il Mezzogiorno« für den wirtschaftlichen Aufbau Süditaliens (bis 1980).

1953
Eine halbherzig durchgeführte Agrarreform kann die Menschen nicht vor der Arbeitsemigration bewahren.

1970
Im Zuge der Gebietsreform wird die Regionshauptstadt von Reggio di Calabria nach Catanzaro verlegt. Nach blutigen Unruhen in Reggio werden die Regierungsaufgaben in einer Kompromisslösung zwischen den beiden Städten aufgeteilt.

1972
Am 21. August entdeckt der Hobby-Taucher Stefano Mariottini zwei perfekt erhaltene überlebensgroße antike Bronzefiguren vor der Küste von Riace.

1974
Fertigstellung des letzten, von rivalisierenden Clans der 'Ndrangheta hart umkämpften Teilstücks der Autobahn bis Reggio.

1981
Nach einer bürokratischen Odyssee finden die »Bronzen von Riace« endgültig Aufstellung im Archäologischen Museum von Reggio.

2005
Geplante Fertigstellung des »Ponte Sullo Stretto«, der längsten Hängebrücke der Welt (Bauausschreibung 2003). Umweltverbände protestieren.

Nie wieder sprachlos

Wichtige Wörter und Ausdrücke

Ja	*si*
Nein	*no*
Bitte	*per favore, per piacere*
Und	*e*
Wie bitte?	*prego, come?*
Ich verstehe nicht	*non capisco*
Entschuldigung, entschuldigen Sie	*scusa, scusi*
Guten Morgen, guten Tag	*buon giorno*
Guten Abend (sagt man in Italien schon nachmittags)	*buona sera*
Gute Nacht	*buona notte*
Hallo	*ciao*
Ich heiße ...	*mi chiamo ...*
Ich komme aus ...	*(io) vengo da ...*
Wie geht's ?	*come va?*
Danke, gut	*bene, grazie*
Wer, was, welcher	*chi, (che)cosa, quale*
Wie viel	*quanto*
Wo ist?	*doe' è?*
Wann	*quando*
Wie lange	*per quanto tempo*
Sprechen Sie Deutsch?	*Lei parla tedesco?*
Auf Wiedersehen	*arrivederci*
Heute	*oggi*
Morgen	*domani*
Wochenende	*fine di settimana*
Übermorgen	*dopodomani*

Zahlen

null	*zero*
eins	*uno*
zwei	*due*
drei	*tre*
vier	*quattro*
fünf	*cinque*
sechs	*sei*
sieben	*sette*
acht	*otto*
neun	*nove*
zehn	*dieci*
hundert	*cento*
tausend	*mille*
zehntausend	*diecimila*
hunderttausend	*centomila*
1 Million	*un milione*

Wochentage

Montag	*lunedì*
Dienstag	*martedì*
Mittwoch	*mercoledì*
Donnerstag	*giovedì*
Freitag	*venerdì*
Samstag	*sabato*
Sonntag	*domenica*

Mit und ohne Auto unterwegs

Wie weit ist es nach ...?	*Quanto è distante ...?*
Wie kommt man nach ...?	*Come si arriva a ...?*
Wo ist ...	*Dove è ...*
– die nächste Werkstatt?	*– l'officina più vicina?*
– der Bahnhof/ Busbahnhof?	*– la stazione/stazione del pullman (autobus)*
– die nächste Bus-Station?	*– la fermata del pullman (autobus) più vicina?*
– der Flughafen?	*– l'aeroporto?*
– die Touristeninformation?	*– l'ufficio turistico?*
– die nächste Bank?	*– la banca più vicina?*
– die nächste Tankstelle?	*– il distributore di benzina? (stazione di benzina, benzinaio)*
Wo finde ich	*Dove trovo*
– einen Arzt/	*– un medico*
– Apotheke?	*– una farmacia?*
Bitte volltanken	*Per favore, il pieno di benzina*
Super	*benzina super*
Bleifrei	*senza piombo/ benzina verde*
Diesel	*diesel*

Mischung	*miscela per motocicli*
rechts	*destra*
links	*sinistra*
geradeaus	*diritto*
Ich möchte ein Auto/ein Fahrrad mieten	*Vorrei noleggiare un automobile/una bicicletta*
Wir hatten einen Unfall	*Abbiamo avuto un incidente*
Notfall	*caso di bisogno*
Bitte eine Fahrkarte nach ...	*Per favore, un biglietto per ...*
Hin und zurück	*andata e ritorno*
Autoschlüssel	*chiavi della macchina*

Hotel

Ich suche ein Hotel	*Cerco un albergo*
Ich suche ein Zimmer für ... Personen	*Cerco una camera per ... persone*
Haben Sie noch ein Zimmer frei?	*Lei ha ancora una camera libera?*
– für eine Nacht	*– per una notte*
– für zwei Tage	*– per due giorni*
– für eine Woche	*– per una settimana*
Ich habe ein Zimmer reserviert	*Ho prenotato una camera*
Wie viel kostet das Zimmer?	*Quanto costa (la camera)?*
– mit Frühstück	*– con prima (piccola) colazione*
– mit Halbpension	*– con mezza pensione*
Kann ich das Zimmer sehen?	*Posso vedere la camera?*
Ich nehme das Zimmer	*Si, la prendo*
Doppelbett	*letto matrimoniale*
Kann ich mit Kreditkarte zahlen?	*Posso pagare con la carta di credito?*
Haben Sie noch Platz für ein Zelt/einen Wohnwagen?	*C'è ancora posto per una tenda/una roulotte?*

Restaurant

Die Speisekarte bitte	*La lista delle vivande (il menu), per favore*
Die Rechnung bitte	*Il conto, per favore*
Ich hätte gern einen Kaffee	*Vorrei un caffè*
Wo finde ich die Toiletten? (Damen/Herren)	*Dove trovo i gabinetti? (Signore/Signori)*
Kellner	*cameriere*
Frühstück	*prima (piccola) colazione*
Mittagessen	*colazione (pranzo)*
Abendessen	*cena*
Löffel	*cucchiaio*
Messer	*coltello*
Gabel	*forchetta*
Teller (Gang)	*piatto*

Einkaufen

Wo gibt es ...?	*Dov' è ...?*
Haben Sie ...?	*Lei ha ...?*
Wie viel kostet ...?	*Quanto costa ...?*
Das ist zu teuer	*Costa troppo*
Geben Sie mir bitte 100 g/ein Pfund/ein Kilo	*Per favore, mi dia un etto/mezzo chilo/un chilo*
Danke, das ist alles	*Grazie, è tutto*
Geöffnet/geschlossen	*aperto/chiuso*
Bäckerei	*fornaio, panetteria, panificio*
Kaufhaus	*grande magazzino*
Markt	*mercato*
Metzgerei	*macelleria*
Haushaltswaren	*negozio di casalinghi*
Lebensmittel	*negozio (generi) di alimentari*
Briefmarke(n)	*francobollo(i)*
für einen Brief/Postkarte nach Deutschland/Österreich/in die Schweiz	*per una lettera/cartolina per la Germania/l'Austria/la Svizzera*

Die wichtigsten kulinarischen Begriffe

A
acciughe: Sardellen
aceto: Essig
aglio: Knoblauch
agnello: Lamm
alla griglia: gegrillt
aranciata: Orangenlimonade
arrosto: Braten

B
baccalà: Stockfisch
basilico: Basilikum
bevande: Getränke
birra: Bier
bistecca: Steak, Schnitzel
bollito: gekocht
branzino: Seebarsch
brodo: Fleischbrühe
bruschetta: geröstetes Brot mit Tomaten, Öl und Knoblauch
burro: Butter

C
cacciagione: Wildbret
caffè (espresso): Espresso
– *corretto:* Espresso mit einem Schuss Alkohol
– *latte:* Milchkaffee
– *macchiato:* Espresso mit einem Schuss Milch
calamari: Tintenfische
capreto: Zicklein
carciofo: Artischocke
carne: Fleisch
cedro: Zedratzitrone
cefalo: Meeräsche
cinghiale: Wildschwein
cipolla: Zwiebel
coniglio: Kaninchen
contorni: Beilagen
costoletta: Kotelett
cozze: Miesmuscheln
crostino: geröstetes Brot
crudo: roh

D
dentice: Zahnbrasse
dolce: süß, Süßspeise
duro: hart, zäh

F
fagioli: weiße Bohnen
fagiolini: grüne Bohnen
fico: Feige
filetto: Filet
finocchio: Fenchel
focaccia: salziges Hefefladenbrot
formaggio: Käse
fritto misto di pesce: verschiedene gebackene Fische und Meeresfrüchte
frutta: Obst
frutti di mare: Meeresfrüchte
funghi: Pilze
– *porcini:* Steinpilze

G
gambero: Krebs
gelato: Eis
ghiaccio: Eiswürfel
granita: Sorbet
grissini: dünne Knabberstangen

I
insalata: Salat
– *mista:* gemischter Salat
– *verde:* grüner Salat
involtini: Fleisch- oder Fischrouladen

L
latte: Milch
– *di mandorla:* Mandelmilch
lattuga: Kopfsalat
lenticchie: Linsen
lesso: gekocht
limone: Zitrone

M
maccheroni: dicke, hohle Nudeln
maiale: Schwein
maialetto: Ferkel
manzo: Rind
melanzane: Auberginen
melone: Zuckermelone
miele: Honig
minestra: Suppe
minestrone: Gemüsesuppe mit Nudeln
montone: Hammel

N

nocciola: Haselnuss
noce: Nuss

O

olio: Öl
olive: Oliven
orata: Goldbrasse
ostriche: Austern

P

pancetta: Schweinebauch
pane: Brot
panino: Brötchen, belegtes Brot
panna: Sahne
panettone: Hefekuchen
parmigiano: Parmesankäse
pasta al brodo: Nudelsuppe
pastasciutta: Nudelgericht mit Sauce
pasticcio: überbackenes Nudelgericht
patate: Kartoffeln
pecorino: Schafskäse
pepe: Pfeffer
peperoncino: scharfe Paprikaschote
peperone: Paprika
pera: Birne
pesca: Pfirsich
pesce: Fisch
– spada: Schwertfisch
pesto: Basilikumsauce mit Pinienkernen, Parmesan und Knoblauch
petto di pollo: Hühnerbrust
piatto: Teller, Gang
– del giorno: Tagesgericht
piselli: Erbsen
pollo: Huhn
polipo: Tintenfisch
pomodoro: Tomate
porcini: Steinpilze
pranzo: Mittagessen
prima colazione: Frühstück
prosciutto: Schinken
provolone: pikanter Käse

R

radicchio: Radicchiosalat
ravanelli: Radieschen
ravioli: gefüllte Teigtaschen
ribes: Johannisbeeren
riccio: Seeigel
ricotta: quarkartiger Käse
riso: Reis
risotto: Reisgericht
– alla marinara: mit Meeresfrüchten
– nero: mit Tintenfischsauce

S

sale: Salz
salsa: Sauce
salsiccia: Würstchen
salvia: Salbei
sarago: Brasse
sarde: Sardinen
scampi: Krabben
seppia: Tintenfisch
sgombro: Makrele
sogliola: Seezunge
soppressata: trockengepresste Salami
spezzatino: Kalbsgulasch
spiedo (allo): vom Spieß
spiedino di carne: Fleischspieß
spigola: Seebarsch
spinaci: Spinat
stracciatella: Eierflaumsuppe
stufato: gedünstet
sugo: Sauce

T

tacchino: Truthahn
tagliatelle: Bandnudeln
tartufo: Trüffel
tavola calda: Schnellimbiss
tenero: zart
timo: Thymian
tonno: Tunfisch
tortellini: gefüllte Teigtaschen
triglia: Barbe
trota: Forelle

U

uovo: Ei
uva: Trauben

V

verdura: Gemüse
vitello: Kalb
vongole: Venusmuscheln

Z

zucca: Kürbis
zuppa di pesce: Fischsuppe

Nützliche Adressen und Reiseservice

Auf einen Blick

Fläche: 15 080 qkm.

Einwohner: Nach den Massenauswanderungen zu Anfang des 20. Jh. heute etwa 2,1 Millionen, überwiegend katholische Einwohner. Die Albaner sind mit 67 000 die größte sprachlich und kulturell eigenständige Minderheit. Die Bevölkerungsdichte beträgt 137 Ew./qkm (Deutschland: 230 Ew./qkm).

Sprache: Verkehrssprache Italienisch, albanische und griechische Sprachinseln.

Hauptstadt: Catanzaro (97 000 Ew.).

Provinzen: Catanzaro (CZ), Cosenza (CS), Crotone (KR), Reggio di Calabria (RC) und Vibo Valentia (VV).

Wirtschaft: Landwirtschaft, geringe Industrialisierung, wachsende Bedeutung des Tourismus. Jugendarbeitslosigkeit von über 50 %.

Anreise

Mit dem Auto

Zu empfehlen sind die grüne Versicherungskarte und der Auslandsschutzbrief eines Automobilclubs, da der Pannenschutz des ACI in Italien nicht mehr kostenlos ist. Unbedingt sollte man sich an Verkehrsregeln, insbesondere die Tempolimits, halten. Verkehrssünder werden schnell und reichlich zur Kasse gebeten. Auf Straßen ist auch tagsüber Abblendlicht Pflicht, seit 2004 auch das Mitführen von Warnwesten.

Die Anreise mit dem eigenen Fahrzeug ist nur mit **Zwischenübernachtungen** zu bewältigen (die einfache Entfernung von München nach Reggio beträgt 1595 km), es ist aber auch möglich, eine Teilstrecke im **Autoreisezug** zurückzulegen. In Bologna laufen die Anfahrtsrouten aus Süddeutschland, der Schweiz und Wien zusammen, und ab hier führt die A 1 über Florenz und Rom bis Caserta. Auf der A 30 umfährt man Neapel im Osten, und ab Salerno setzt sich die A 3 in Richtung Stiefelspitze bis Reggio di Calabria fort. Bis Salerno sind die italienischen Autobahnen mautpflichtig.

ADAC-Mitglieder können sich kostenlos ein Tourenpaket mit Karten und Gebühreninformationen zusammenstellen lassen.

Mit der Bahn

Von München fahren Nachtzüge mit Liege- und Schlafwagenabteilen direkt bis Neapel, und hier kann man nach Reggio umsteigen. Von Mai bis Ende Sept. verkehren von Deutschland nach Italien Autoreisezüge.
www.bahn.de, www.db-autozug.de, www.oebb.at, www.sbb.ch

Mit dem Flugzeug

Von der Alitalia wird Reggio di Calabria im Liniendienst mehrmals täglich angeflogen, mit Zwischenstopps in Mailand bzw. Rom. Hat man ohnehin vor, den südlichen Teil Kalabriens zu bereisen, könnte auch der Flughafen von Catania im nahe gelegenen Sizilien in Frage kommen. Das ganze Jahr über im Linienverkehr der Alitalia, ist er von Ende März bis Anfang Nov. auch im Charterdienst zu erreichen. Sehr verkehrsgünstig liegt der internationale Flughafen von Lamezia Terme im Zentrum von Kalabrien. Von April bis Okt. wird er von Chartergesellschaften angeflogen. Von mehr als einem Dutzend deutscher Flughäfen sowie aus Basel und Wien werden Direktflüge zu günstigen Preisen angeboten. Der nationale Flughafen Crotone wird von der italienischen Chartergesellschaft Air One über Rom bedient.

Crotone: Aeroporto S. Anna, 10 km vom Stadtzentrum entfernt
Lamezia Terme: Aeroporto S. Eufemia, 35 km von Catanzaro entfernt. Überlandbusse nach Catanzaro, Cosenza und Vibo Valentia
Reggio di Calabria: Aeroporto dello Stretto (Ufficio Informazioni, Tel. 09 65 64 3291), 5 km vom Stadtzentrum entfernt. AMAT-Busse fahren ins Zentrum und zum Bahnhof (15 Minuten) bzw. zum Hafen (20 Minuten).
Alitalia-Informationen:
Tel. 14 78/6 56 43 (gebührenfrei)

Auskunft

Außerhalb Italiens erteilt das Staatliche Italienische Fremdenverkehrsamt ENIT Auskünfte, in Kalabrien sind es die regionalen bzw. provinziellen Tourismusbehörden (APT) und auf Ortsebene die Pro Loco.

Nicht immer erhält man von den kalbresischen Institutionen brauchbare touristische Informationen, wie aktuelle Unterkunftsverzeichnisse oder Stadtpläne. In einigen Orten gibt es jedoch Privatinitiativen, die engagiert informieren.

Weitere Adressen sind bei den einzelnen Orten im Kapitel »Unterwegs in Kalabrien« aufgeführt.

ENIT in Deutschland
Gebührenfreie Servicenummer zur Prospektbestellung in A, D, CH: 0 08 00 00 48 25 42; www.enit.it
- Friedrichstr. 187, 10117 Berlin; Tel. 0 30/2 47 83 98, Fax 0 30/ 2 47 83 99; E-Mail: enit-berlin@t-online.de
- Kaiserstr. 65, 60329 Frankfurt; Tel. 0 69/23 74 34, Fax 23 28 94; E-Mail: enit.ffm@t-online.de
- Lenbachplatz 2, 80333 München; Tel. 0 89/53 13 17, Fax 53 45 27; E-Mail: enit-muenchen@t-online.de

ENIT in Österreich
Kärntner Ring 4, 1010 Wien;
Tel. 01/5 05 16 39, Fax 5 05 02 48;
E-Mail: delegation.wien@enit.at

ENIT in der Schweiz
Uraniastr. 32, 8001 Zürich;
Tel. 01/2 11 79 17, 2 11 36 33; 2 11 38 85;
E-Mail: enit@bluewin.ch

In Kalabrien
Assesorato Regionale al Turismo
Via S. Nicola 8, Galleria Mancuso;
88100 Catanzaro; Tel. 09 61 85 11,
Fax 09 61 74 14 31;
www.turismo.regione.calabria.it

APT Frascineto Ovest
Autostrada SA-RC; Tel. 0 98 13 27 10;
Mo–Fr 7.30–19.30, Sommer auch Sa, So 7.30–13.30 Uhr

APT Reggio Calabria
Via Roma 3, Reggio Calabria;
Tel. 0 96 52 11 71, 09 65 89 25 12;
Fax 09 65 89 09 47

Auslandsknigge

Bezahlen: Il conto per favore! Rechnungen im Restaurant werden für den gesamten Tisch ausgestellt. In einer Gruppe wirft man das Geld zusammen.
Cappuccino: Wird zum Frühstück getrunken, nicht nach dem Essen.
Fotografieren: Beim Ablichten von Menschen höflich um Erlaubnis fragen und im Zweifelsfall nicht insistieren.
Geduld: Mit »pazienza« geht vieles schneller.
Kurze Hosen, Miniröcke: Nicht in der Kirche.
Trinkgeld: Mit einer »mancia« geht vieles leichter.
Oben ohne: Am Strand toleriert, aber nicht immer gerne gesehen. Von wenigen speziell ausgewiesenen Stränden abgesehen ist FKK verboten.
Wertsachen: Nicht offen im Auto liegen lassen.

Buchtipps

Abate, Carmine: Ballo Tondo – Der Hochzeitstanz (Piper Taschenbuch, 2001). Der wunderschöne Roman erzählt vom Erwachsenwerden im kleinen kalabrischen Dorf Hora, Schnittpunkt dreier Welten: der Albaner, ihrem italienischen Umfeld und der Realität der Gastarbeiter, der »Germanesen«.

Abate, Carmine: Der Geschmack wilder Feigen (Piper, 2003). Der zweite Roman des 1954 in Carfizzi geborenen albanischstämmigen Erfolgsautors spielt zum Teil in Köln.

Cordopatri dei Capace, Teresa & Angelica Rago Galizzi: Schwarzes Schweigen – Eine Frau kämpft gegen die Mafia (Piper Taschenbuch, 1998). Der mutige Kampf von Teresa Cordopatri gegen die Mafia sorgte Mitte der 1990er-Jahre für Schlagzeilen.

Douglas, Norman: Reisen in Süditalien (Prestel, 1996). Die im Jahre 1915 unter dem Titel »Old Calabria« erschienenen Reisebeschreibungen des Weltenbürgers Douglas sind eine kluge und lebendige Schilderung Kalabriens, die nichts von ihrer Frische eingebüßt haben. Die deutsche Ausgabe ist derzeit leider nur in Antiquariaten oder im Internet zu erstehen.

Fortunato, Mario: Die Entdeckung der Liebe und der Bücher (Wagenbach, 2002). Fortunato, 1958 in Ciró (Provinz Crotone) geboren, Leiter des Italienischen Kulturinstituts in London, erzählt von seiner Jugend in Kalabrien, der Entdeckung seiner Homosexualität und seiner Liebe zur Literatur.

Diplomatische Vertretungen

Deutsche Botschaft

Via San Martino della Battaglia 4, 00185 Roma; Tel. 06 49 21 31, Fax 0 64 45 26 72; www.ambgermania.it

Generalkonsulat

Via Crispi 69, 80121 Napoli; Tel. 08 12 48 85 11, Fax 08 17 61 46 87; www.deutschesgeneralkonsulat-neapel.it

Österreichische Botschaft

Via Pergolesi 3, 00198 Roma; Tel. 0 68 44 01 41, Fax 0 68 54 32 86, www.austria.it

Generalkonsulat

Viale Liegi 32, 00198 Roma; Tel. 0 68 55 28 80, Fax 06 85 35 29 91

Schweizer Botschaft

Via Barnaba Oriani 61, 00197 Roma; Tel. 06 80 95 71, Fax 0 68 08 85 10, www.eda.admin.ch/roma

Generalkonsulat

Via dei Mille 16, 80121 Napoli; Tel. 08 14 10 70 46, Fax 0 81 40 09 47

Eintrittspreise

In den Archäologischen Nationalmuseen und neu eingerichteten Diözesansmuseen meist 4 €, in anderen Museen, Burgen, archäologischen Zonen u. Ä. 2–5 €. EU-Bürger unter 18 und ab dem 65. Lebensjahr genießen in allen staatlichen – nicht jedoch kirchlichen und privaten – Einrichtungen freien Eintritt. Ein Lichtbildausweis muss vorgelegt werden.

Feiertage

1. Jan.	Capodanno/Neujahr
Ostermontag	Pasquetta
25. April	La Resistenza/Tag der Befreiung
1. Mai	Festa del lavoro/Tag der Arbeit
2. Juni	Festa della Repubblica/Nationalfeiertag
15. Aug.	Ferragosto/Mariä Himmelfahrt
1. Nov.	Ognisanti/Allerheiligen
8. Dez.	L'Immacolata/Unbefleckte Empfängnis
25. Dez.	Natale/Weihnachten
26. Dez.	Santo Stefano/Fest des hl. Stefan

Geld

Die Einführung der europäischen Einheitswährung erleichtert manches. Schweizer versorgen sich am besten schon vor Antritt der Reise mit Euro. Das Abheben mit Maestro-Karte und Geheimnummer am Bancomat ist

Nebenkosten in Euro

1 Tasse Kaffee	0,70–1,00
1 Bier	2,50–3,00
1 Cola	2,50–3,00
Panino (Bar)	1,50–2,50
1 Schachtel Zigaretten	3,00–4,00
1 Liter Superbenzin	ca. 1,25
Fahrt mit dem Linienbus (Einzelfahrt)	1,00–1,50
Vespa, Mietwagen	ab 25,00

Stand: Juni 2005

meist problemlos. Beim Besuch der kleineren Inseln sollte man genügend Bargeld mitnehmen. Bessere Hotels und gehobene Restaurants akzeptieren Kreditkarten.

Internet

www.esperia.it
Italienisches Reiseportal mit Links auf Kalabrien-Sites.

www.turismo.regione.calabria.it
Offizielle touristische Website.

www.museionline.it
Museen und archäologische Stätten Italiens.

www.google.it, www.virgilio.it
Die besten italienischen Suchmaschinen im Web. Zahlreiche Einträge zu Kalabrien.

www.parks.it
Die italienischen Nationalparks.

www.walksicily.de
Aktuelle Ergänzungen zu diesem Reiseführer, Literaturtipps und kommentierte Kalabrien-Links.

Kleidung

Sonniger Süden? Ja, doch es kann im Frühjahr bis in den April hinein noch recht kalt sein. Im Gebirge und abends am Meer kühlt es selbst im Sommer ab. Warme Kleidung gehört ins Gepäck.

Kriminalität

Keine Angst: Kalabrien belegt in der Kriminalstatistik Italiens zwar einen der ersten Plätze, und die vielen Wirtschaftsverbrechen und Bluttaten, die auf das Konto der 'Ndrangheta – der kalabrischen Spielart der Mafia – gehen, sind ein ernsthaftes gesellschaftliches Problem, jedoch eine Realität, mit der ein Tourist kaum in Berührung kommt. Die Kleinkriminalität ist nicht höher als in anderen Urlaubsregionen. Trotzdem empfiehlt es sich, ein paar Verhaltensregeln zu beachten: kein Gepäck und vor allem keine Wertgegenstände im Auto liegen lassen, in Großstädten und an touristischen Brennpunkten keine Umhängetasche und kein Portemonnaie in der Gesäßtasche tragen. Wenn man eine Reisegepäckversicherung abgeschlossen hat und bestohlen wurde, muss man auf einer Polizei- oder Carabinieri-Dienststelle ein Protokoll zur Vorlage bei der Versicherung aufnehmen lassen. Bei Verlust der Reisedokumente helfen Botschaften und Konsulate weiter.

Medizinische Versorgung

In den Ferienorten bestehen während der Saison kostenlose medizinische Versorgungsdienste (**Guardia Medica Turistica**), und in Krankenhäusern erhalten Urlauber jederzeit gratis Erste Hilfe (**Pronto Soccorso**). Für Mitglieder gesetzlicher Krankenkassen ist bei Vorlage des Auslandskrankenscheins (Vordruck E 111), der vorher bei dem örtlichen Gesundheitsdienst (**ASL**) umgetauscht werden muss, die medizinische Behandlung innerhalb des staatlichen italienischen Gesundheitssystems kostenlos. Private Ärzte bestehen auf Barzahlungen. Für die Erstattung durch die Krankenkasse benötigt man eine quittierte Rechnung. Der Abschluss einer privaten Krankenversicherung, die im Notfall für den Rücktransport aufkommt, ist zu empfehlen. Die Apotheken (**Farmacia**) in den größeren Orten sind gut sortiert.

Notruf

Über gebührenfreie Notrufnummern sind in Italien **Polizei** 112, **Unfallrettung** 112 und **Feuerwehr** 115 zu erreichen. Kostenpflichtige Pannenhilfe des italienischen Automobilclubs **ACI** unter Tel 116, Mobiltel. 8 0 11 68 00 und über die Notrufsäulen auf der Autobahn. Der **ADAC** ist in Italien ständig unter der Nummer Tel. 02 66 15 91 zu erreichen.

Öffnungszeiten

Die Öffnungszeiten der Sehenswürdigkeiten sind nicht einheitlich geregelt, aktuelle Informationen stehen in den regionalen Tageszeitungen. **Nationalmuseen** sind täglich von 9–20 Uhr geöffnet und am 1. und 3. Montag des Monats geschlossen. Die anderen **Museen** sind häufig über Mittag und am Montag geschlossen. **Archäologische Ausgrabungen** sind von 9 Uhr bis eine Stunde vor Sonnenuntergang zu besuchen. Kirchen können von 8.30–12 und von 16–19.30 Uhr betreten werden. Bei geschlossenen Kirchen öffnen sich oft auf Nachfrage im nächstgelegenen Lokal alle Türen.

Ladenöffnungszeiten sind flexibel. Geschäfte bleiben abends meist bis 20 Uhr geöffnet. Die Öffnungszeiten der **Banken** variieren, als grober Richtwert kann gelten: Mo–Fr 8.30 bis 13.30 und 15–16 Uhr. **Postämter** halten ihre Schalter Mo–Fr von 8.30–13.30 Uhr und am Samstag von 8.30–12 Uhr offen, nachmittags sind lediglich die Hauptpostämter geöffnet. **Tankstellen** an der Autobahn sind rund um die Uhr geöffnet, andere Mo–Fr 7–12.30 und 15–19 Uhr. An Wochenenden und Feiertagen öffnen Tankstellen meist nur vormittags im Turnus. Die lokalen **Fremdenverkehrsämter (APT)** sind in der Regel Mo–Fr vormittags geöffnet und Mo sowie Mi auch für einige Stunden am Nachmittag. Die Öffnungszeiten der anderen touristischen Informationsstellen sind saisonabhängig.

Politik

Der Zweite Weltkrieg brachte für Süditalien verheerende wirtschaftliche Folgen mit sich. 1950 wurde die **Cassa per il Mezzogiorno**, eine Behörde zur Wirtschaftsförderung Süditaliens, gegründet. Zunächst mit positivem Resultat: dringend notwendige Infrastrukturen wie Straßen, Wasserleitungen, Bewässerungsanlagen, Schulen und Krankenhäuser konnten fertig gestellt werden. 1953 wurde auch in Kalabrien mit großer Verspätung eine Agrarreform durchgeführt. Ein Teil des Großgrundbesitzes wurde enteignet, aber die landlosen Bauern erhielten im Durchschnitt nur 6 ha meist wertlosen Landes. Viele verkauften dieses Land sofort wieder, um ihre Emigration in die Bergwerke Belgiens und später auch nach Deutschland oder in die Schweiz zu bezahlen. Im Laufe der Zeit entwickelte sich die Cassa per il Mezzogiorno zusehends zu einem politischen Instrument, das paradoxerweise eher dem ökonomischen Wachstum des Nordens zugute kam, immer mehr Gelder versickerten im mafiösen Sumpf, und die berühmten Kathedralen in der Wüste wurden gebaut, Industrieanlagen, deren Zweck es war, nie in Betrieb zu gehen. 1980 stellte die Cassa ihre Tätigkeit ein, und 1996 wurde sie endgültig aufgelöst. Inzwischen hat man erkannt, dass die wirtschaftlichen Probleme Kalabriens nicht durch Schwerindustrie, sondern durch eine an der Qualität orientierten Landwirtschaft und einen intelligenten Tourismus angegangen werden können. Im Zuge der Gebietsreform von 1970 wurde entschieden, die Hauptstadt der Region Kalabrien von Reggio di Calabria in das zentral gelegene Catanzaro zu verlegen. Blutige Aufstände in Reggio waren die Folge, die Armee musste eingreifen. Zur Lösung des Konfliktes und zu einer gerechteren Entwicklung der Region bereitete die italienische Regierung unter Emilio Colombo ein Paket vor, das die Errichtung eines gigantischen Werkes bei Gioia Tauro, den Bau des Flughafens von Lamezia Terme und die Einrichtung der Universität von Cosenza vorsah. Das Stahlwerk von Gioa wurde nie gebaut, stattdessen hat sich nach vielen Jahren der kriminellen Misswirtschaft der Hafen zu einem der bedeutendsten Containerumschlagplätze Italiens entwickelt. Der Flughafen von Lamezia ist heute das Tor Kalabriens und die Universität von Cosenza eine der besten im Süden. In einer Kompromisslösung sind inzwischen die Regierungsfunktionen zwischen Reggio und Catanzaro aufgeteilt. Im Juni 2000 wurde der Regionspräsident zum ersten Mal direkt gewählt und mit größeren Vollmachten ausgestattet. Seit 2005 stellt die Mitte-Links-Koalition die Regierung.

Post

Briefmarken (»francobolli«) bekommen Sie auf Postämtern und in Tabakgeschäften (schwarzes Schild mit weißem T). Briefe und Postkarten nach Deutschland oder Österreich müssen mit 0,41-€-Marken, in die Schweiz mit 0,52-€-Marken frankiert werden. Die etwas teurere Posta prioritaria (blaue Briefkästen) hat schnellere Laufzeiten.

Reisedokumente

EU-Bürgern und Schweizern genügt ein gültiger Personalausweis. Kinder unter 16 Jahren müssen im Reisepass der Eltern eingetragen sein, sofern sie keinen eigenen Kinderausweis haben. Autofahrern genügt der nationale Führerschein. Es ist immer ratsam, Fotokopien der Ausweise getrennt aufzubewahren.

Auf Herz und Nieren geprüft: der MERIAN-Reiseführer in einheimischen Händen.

Reisewetter

Der landschaftlichen Gliederung Kalabriens entsprechen drei unterschiedliche Klimazonen. Auf der tyrrhenischen Seite herrschen milde Temperaturen vor mit hohen Niederschlägen, die sich auf das Winterhalbjahr konzentrieren und in den Küstengebirgen 1400 mm pro Jahr erreichen. In den höheren Gebirgslagen des Pollino, der Sila und des Aspromonte fallen 1800–2000 mm Jahresniederschlag, die im Winter als Schnee lange liegen bleiben. Der in Nord-Süd-Richtung ziehende Gebirgszug stellt sich den Westwinden entgegen und macht Kalabrien zu der regenreichsten und damit waldreichsten Region Süditaliens. Die regenabgewandte ionische Seite ist sehr sonnig, im Sommer können die Temperaturen in Extremfällen auf über 40 °C ansteigen, und die Jahresniederschläge liegen zum Teil nur knapp über 500 mm.

Die ideale Zeit für Besichtigungsreisen und Wandertouren ist von Ende April bis Anfang Juli, wenn alles üppig blüht, und erneut im September, Oktober, wenn alles reift und in den Wäldern sich das Laub färbt. Ab Ende Mai erreicht das Meer Badetemperaturen, und noch bis Anfang Juli sind die Strände völlig leer. Im August ist alles überfüllt, Preise und Temperaturen erreichen unangenehme Höhen. Ideal zum Baden ist der Herbst. Achtung, in der Nebensaison sind viele Hotels und Restaurants geschlossen. Gut vorplanen!

Sprache

In Kalabrien wird – neben den lokalen Dialekten – selbstverständlich Italienisch gesprochen. Die im 15. Jh. eingewanderten Albaner haben sich darüber hinaus ihre Muttersprache, das Albëresh, bewahrt. Guardia Piemontese ist eine provenzalische Sprachinsel, und in einigen Bergorten des südlichen Aspromonte verstehen einige Menschen bis auf den heutigen Tag noch Alt-Griechisch. Der Versuch, sich in der Landessprache verständlich zu machen, wird von den Einheimischen freudig begrüßt. Eine Binsenweisheit, aber wahr: Sprache ist der beste Schlüssel zum Verständnis eines Volkes. Ein kleines Wörterbuch sollte auf jeden Fall mit ins Gepäck, einige wichtige Begriffe werden im Sprachführer (→ S. 102) erklärt.

Stromspannung

Sie beträgt 220–230 Volt. Für Schukostecker sollte man sich einen Adapter (»spina di addatamento«) mitnehmen, nicht immer halten Hotelrezeptionen sie bereit.

Telefon

Für die meisten Telefonzellen benötigt man eine Telefonkarte (**»scheda telefonica«**), die man in Tabakgeschäften (**»tabacchi«**) oder Bars kaufen kann. Vor dem Telefonieren muss die Karte entwertet werden, indem man die perforierten Ecken abknickt. Viele Telekom-Gesellschaften bieten Telefonkarten mit vorausbezahltem Guthaben an, mit denen man auch aus Hotels kostengünstig telefonieren kann.

Das italienische Mobilfunknetz ist nach dem internationalen GSM-Standard aufgebaut. Das eigene Mobiltelefon – ein entsprechender Vertrag vorausgesetzt – wählt sich hier problemlos ein.

Vorwahlen

I → D 00 49
I → A 00 43
I → CH 00 41
D, CH → Kalabrien 00 39
A → Kalabrien 00 40

Trinkwasser

Leitungswasser kann unbedenklich zum Waschen und Zähneputzen verwendet werden. Es ist hygienisch einwandfrei, aber nicht immer als Trinkwasser geeignet. Mineralwasser in Flaschen ist überall erhältlich.

Verkehrsverbindungen

Auto

Der südlichste Abschnitt der **Autostrada del Sole,** die in Reggio di Calabria endet, ist zugleich ihr spektakulärster. In drei Stunden lässt sich die Region auf der gebührenfreien Autobahn von Nord nach Süd durchmessen. Direkt an der tyrrhenischen Küste verläuft die S.S. 18 von Práia a Mare bis Reggio. Von Reggio führt die S.S. 106 an der ionischen Seite in Richtung Taranto. Auf beiden Staatsstraßen kommt man schnell voran. Wichtigste West-Ost-Verbindungen sind die Schnellstraße S.S. 107 von Cosenza nach Crotone und die Autostrada Due Mari, die von Lamezia Terme über Catanzaro an das Ionische Meer führt. Insgesamt ist Kalabrien mit einem Straßennetz von mehr als 15 000 km gut erschlossen. Im gebirgigen Landesinneren muss man sich auf kurvenreiche, wenn auch landschaftlich wunderschöne Strecken gefasst machen.

Das Tankstellennetz ist nicht flächendeckend ausgebaut, und das Mitführen eines Reservekanisters ist verboten, also rechtzeitig tanken! Rund um die Uhr sind die **Tankstellen** an der Autobahn geöffnet, ansonsten Mo–Fr 7–12.30 und 15–19 Uhr. An Wochenenden und Feiertagen öffnen Tankstellen meist nur vormittags im Turnus. Für SB-Zapfsäulen sollte man unzerknitterte Zehn- und 20-Euro-Scheine bereithalten.

In Städten ist das Parken innerhalb durch blaue Linien markierten Arealen gebührenpflichtig. Auf gelb gekennzeichneten Flächen und im Bereich schwarz-gelb markierter Bordsteine ist das Parken verboten.

Leihwagen

Auf den Flughäfen, in den Provinzhauptstädten und in den größeren Urlaubsorten gibt es Leihwagenagenturen. Ein Kleinwagen kostet rund 50 € pro Tag (Kreditkarte mitnehmen!). Es empfiehlt sich, bereits von zu Hause aus ein günstiges **Fly & Drive**-Angebot im Reisebüro zu buchen.

Bahn

Die beiden Hauptlinien führen mit schönen Ausblicken direkt an der tyrrhenischen bzw. ionischen Küste entlang. Nur wenige Orte im Landes-

Entfernungen (in km) zwischen wichtigen Städten

	Catanzaro	Cosenza	Crotone	Gerace	Lamezia Terme	Reggio di Calabria	Rocca Imperiale	Rosarno	Scalea	Tropea
Catanzaro	–	97	76	102	37	158	232	100	152	94
Cosenza	97	–	116	176	67	187	140	129	95	124
Crotone	76	116	–	161	100	221	161	162	202	157
Gerace	102	176	161	–	116	90	318	52	232	92
Lamezia Terme	37	67	100	116	–	126	202	68	121	63
Reggio di Calabria	158	187	221	90	126	–	316	64	242	104
Rocca Imperiale	232	140	161	318	202	316	–	259	138	254
Rosarno	100	129	162	52	68	64	259	–	183	40
Scalea	152	95	202	232	121	242	138	183	–	178
Tropea	94	124	157	92	63	104	254	40	178	–

inneren lassen sich überhaupt mit dem Zug erreichen, und außer in Reggio liegen die Bahnhöfe meist außerhalb des Zentrums. Landschaftlich ausgesprochen reizvoll sind die Schmalspurstrecken durch die Sila (→ S. 91).
www.trenitalia.com

Busse

Die Fahrpläne der vielen privaten und halbstaatlichen Linien sind kaum aufeinander abgestimmt und machen eine Reise mit Überlandbussen zum Geduldspiel. Auch haben die einzelnen Gesellschaften in den Großstädten nicht immer die gleichen Busterminals, und Bahnhöfe und Busbahnhöfe liegen oft weit auseinander. Im Gegensatz zu der Bahn, die in die Küstenebene führt, erreichen die Busse immerhin direkt die Zentren der Orte im Landesinneren. Fremdenverkehrsämter geben Auskunft, Fahrpläne finden sich aber auch in Tageszeitungen.
www.italybus.it

Fähren

Von Villa San Giovanni setzt im Schnitt alle 20 Min. eine Fähre über den Stretto nach Sizilien über, und auch von Reggio di Calabria verkehren mehrmals am Tag Fähren und Tragflügelboote nach Messina. Im Sommer fahren von Reggio und Vibo Marina Tragflügelboote, von Tropea und Cetraro täglich Ausflugsschiffe zu den Äolischen (Liparischen) Inseln.

Zu Fuß

Immer noch durchziehen alte Maultierpfade das Landesinnere Kalabriens, wenn auch heute kaum noch benutzt und vielfach bereits verfallen. Umweltschutzorganisationen wie der W.W.F. und der italienische Alpenverein C.A.I. (www.caireggio.it) setzten sich dafür ein, diese kulturhistorisch interessanten Wege in der Landschaft zu erhalten, und haben begonnen, markierte Fernwanderwege wie den »Sentiero Italia« anzulegen.

Zeitungen

Ausländische Zeitungen erhält man lediglich in den größeren Touristenorten, meist Boulevardblätter. Ansonsten findet man überall die überregionalen italienischen Blätter.

Zoll

Innerhalb der EU-Länder ist die Ein- und Ausfuhr von Waren und Gegenständen des persönlichen Gebrauchs zollfrei. Um gegenüber gewerblicher Nutzung eine Abgrenzung zu schaffen, hat man folgende Richtwerte festgelegt: 800 Zigaretten oder 200 Zigarren oder 1 kg Tabak; 10 l Spirituosen oder 90 l Wein oder 110 l Bier. Für Nicht-EU-Mitglieder wie die Schweiz gelten: 200 Zigaretten und 1 l Spirituosen.

Auf der Fahrt von Villa San Giovanni nach Sizilien.

Kartenatlas

Orientierung leicht gemacht: mit Planquadraten und allen Orten und Sehenswürdigkeiten.

Legende

Routen und Touren

- Entlang der mythenreichen Ostküste (S. 88)
- Bahnfahrt nach Camigliatello Silano (S. 91)
- Segeltörn zu den Liparischen Inseln (S. 93)
- Wanderung durch den Aspromonte (S. 96)

Sehenswürdigkeiten

- MERIAN-TopTen
- MERIAN-Tipp
- Sehenswürdigkeit, öffentl. Gebäude
- Sehenswürdigkeit Kultur
- Sehenswürdigkeit Natur
- Kirche; Kloster
- Schloss, Burg; Ruine

Sehenswürdigkeiten ff.

- Museum
- Denkmal
- Leuchtturm
- Archäologische Stätte
- Höhle

Verkehr

- Autobahn
- Autobahnähnliche Straße
- Fernverkehrsstraße
- Hauptstraße
- Nebenstraße
- Unbefestigte Straße, Weg
- Parkmöglichkeit
- Busbahnhof; Bushaltestelle

Verkehr ff.

- Bahnhof
- Schiffsanleger
- Flughafen; Flugplatz

Sonstiges

- Information
- Theater
- Markt
- Botschaft, Konsulat
- Golfplatz
- Camping
- Strand
- Aussichtspunkt
- Friedhof
- National-, Naturparkgrenze

A B C

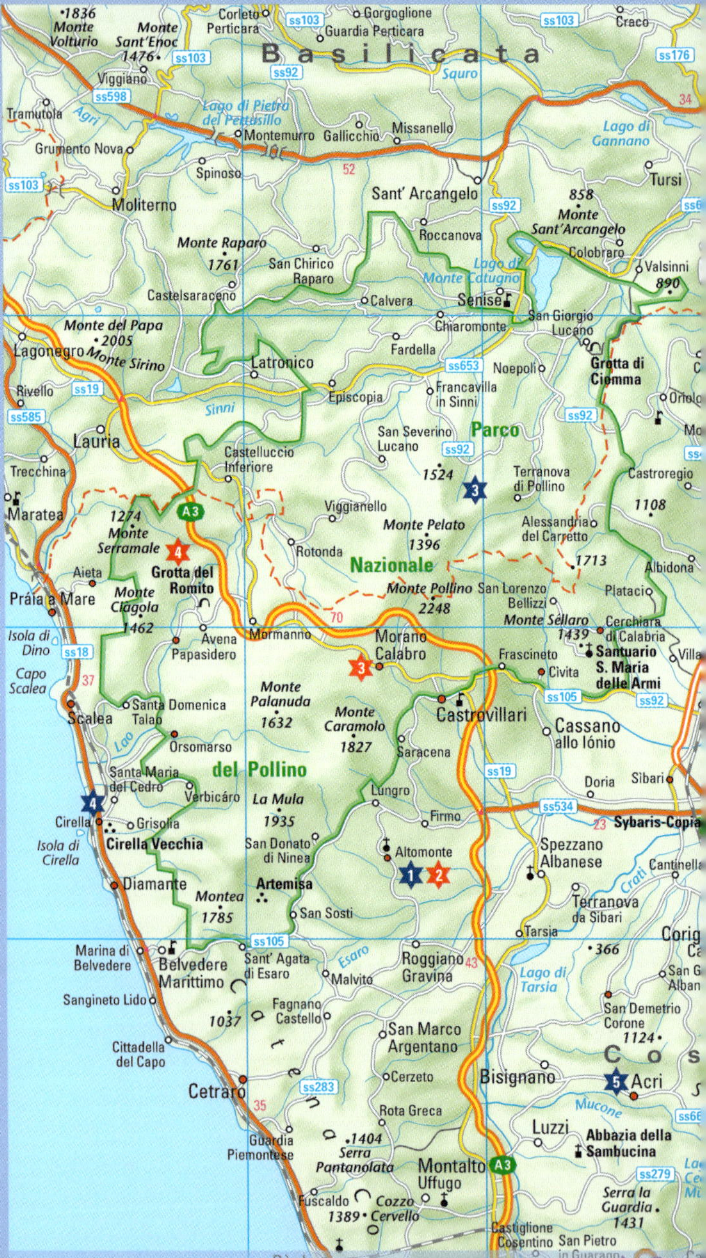

Basilicata
Parco
Nazionale
del Pollino
Monte Volturio 1836
Monte Sant'Enoc 1476
Corleto Perticara
Gorgoglione
Guardia Perticara
Craco
Viggiano
Tramutola
Lago di Pietra del Pertusillo
Montemurro
Gallicchio
Missanello
Lago di Gannano
Grumento Nova
Spinoso
Moliterno
Sant' Arcangelo
Tursi
858 Monte Sant'Arcangelo
Monte Raparo 1761
San Chirico Raparo
Roccanova
Colobraro
Lago di Monte Cotugno
Valsinni
890
Castelsaraceno
Calvera
Senise
Chiaromonte
San Giorgio Lucano
Monte del Papa 2005
Lagonegro
Monte Sirino
Latronico
Fardella
Noepoli
Grotta di Ciomma
Rivello
Episcopia
Francavilla in Sinni
Oriolo
Sinni
Lauria
San Severino Lucano
Trecchina
Castelluccio Inferiore
1524
Terranova di Pollino
Castroregio
Maratea
Viggianello
1108
1274 Monte Serramale
Monte Pelato 1396
Alessandria del Carretto
Rotonda
1713
Albidona
Aieta
Grotta del Romito
Monte Pollino 2248
San Lorenzo Bellizzi
Plataci
Práia a Mare
Monte Ciagola 1462
Monte Sèllaro 1439
Cerchiara di Calabria
Isola di Dino
Avena
Mormanno
Morano Calabro
Santuario S. Maria delle Armi
Papasidero
Frascineto
Civita
Capo Scalea
Villa
Monte Palanuda 1632
Castrovillari
Scalea
Santa Domenica Talao
Cassano allo Iónio
Monte Caramolo 1827
Orsomarso
Saracena
Doria
Sibari
Santa Maria del Cedro
Verbicáro
La Mula 1935
Lungro
Firmo
Sybaris-Copia
Cirella
Grisolia
Cirella Vecchia
San Donato di Ninea
Altomonte
Spezzano Albanese
Isola di Cirella
Cantinella
Diamante
Artemisa
Crati
Montea 1785
Terranova da Sibari
San Sosti
Tarsia
Marina di Belvedere
Belvedere Marittimo
Sant' Agata di Esaro
Esaro
Roggiano Gravina
366
Malvito
Lago di Tarsia
Sangineto Lido
Fagnano Castello
San Demetrio Corone
1037
San Marco Argentano
1124
Cittadella del Capo
Cerzeto
Bisignano
Acri
Cetraro
Rota Greca
Mucone
Guardia Piemontese
1404 Serra Pantanolata
Luzzi
Abbazia della Sambucina
Montalto Uffugo
Serra la Guardia 1431
Fuscaldo
Cozzo Cervello 1389
Castiglione Cosentino
San Pietro in Guarano
Salerno, Napoli

A B 118 C

D
E
F
Táranto
Metapontum
Lido di
Metaponto
Cavone
ntalbano
nico
19
ss106
Lido di
Scanzano
ss598
Agri
Scanzano
Jonico
Eraclea
Policoro
Lido di
Policoro
Sinni
ella
Nova Siri Stazione
Rocca Imperiale
Marina
Montegiordano
Marina
ano
ss106
72
Capo Spúlico
Marina di
Amendolara
olara
Trebisacce
Golfo di
Táranto
1
2
3
4
na
Parco Naturale della
Foce d. Fiume Crati
Marina
Schiavonea
Lido
Sant' Angelo
ss106
Capo Trionto
Mirto Crosia
59
Rossano
S. Marco
atirion
Crosia
Madonna
delle Grázie
Città di Castiglio
ss177
Cropalati
Monte Paleparto
1481
Greca
Trionto
Mandatoriccio
ss383
Cariati
Punta Fiume Nicà
Terravecchia
Nicà
Crúcoli Torretta
M. Basilicò
1013
Bocchigliero
Campana
Longobucco
529
Monte Lelo
Crucoli
Punta Alice
San
Francesco
Cirò
Cirò
Marina
ss282
ss108ter
Monte
Pettinascura
1708
Parco
Nazionale
della Sila
Grande
56
Lago di
Ariamacina
ss107
Lese
119
Serra Paluri
645
San Nicola
dell'Alto
Melissa
Torre Melissa
ss492
ss106
San Giovanni
in Fiore
Strongoli
404
Petelia
0
15 km
N
©MERIAN-Kartographie

A
B
C
116
120
5
6
7
8
Diamante
Montea
1785
Artemisa
San Sosti
Terranova da Sibari
Tarsia
Lago di Tarsia
Marina di Belvedere
Belvedere Marittimo
Sant' Agata di Esaro
Esaro
Roggiano Gravina
Malvito
Sangineto Lido
Fagnano Castello
1037
San Marco Argentano
Cittadella del Capo
Cetraro
Cerzeto
Bisignano
Rota Greca
Guardia Piemontese
1404
Serra Pantanolata
Montalto Uffugo
Fuscaldo
Cozzo Cervello
1389
Catena Costiera
Pàola
San Fili
San Lucido
Fiumefreddo Bruzio
1541
Monte Cocuzzo
Lago
Amantea
Aiello Calabro
Grimaldi
Campora San Giovanni
Savuto
Nocera Terinese
Falerna Marina
Falerna
Monte Mancuso
1328
Gizzeria
Capo Suvero
S. Eufemia Lamezia
Tyrrhenisches Meer
Golfo di Santa Eufemia
Pizzo
Vibo Valentia Marina
Briatico
Vibo Valentia
Hipponion
Tropea
Zungri
Ricadi
Capo Vaticano
M. Poro
710
Rombiolo
Mileto
Nicótera Marina
Nicótera
Golfo
Mesima
Dasa
Arena
Dinami
Mongiana
Monte Pecoraro
1423
Serra San Bruno
Soriano Calabro
Brognaturo
Simbario
Cardinale
Sant' Angelo
San Nicola da Crissa
Maierato
Chiaravalle Centrale
San Vito sullo Ionio
Polia
1013
Filadelfia
Curinga
Maida
Feroleto Antico
Lamezia Terme
Platania
1417
Soveria Mannelli
Coraci
Rogliano
Aprigliano
1384
Carolei
1233
M. Serratore
COSENZA
Trenta
Pedace
Spezzano della Sila
Casole
Célico
M. Scuro
1621
San Pietro in Guarano
Castiglione Cosentino
Crati
Serra la Guardia
1431
Luzzi
Abbazia della Sambucina
Mucone
Acri
San Demetrio Corone
1124
366
San Alba
ss105
ss283
ss107
ss18
ss278
ss108
ss19
ss19d
ss178
ss279
ss522
ss110
ss182
ss536
A3
35
43
62
39
40

D
E
F
117
5
6
7
8
Marina Schiavonea
Lido Sant' Angelo
ss106
Rossano
S. Marco
Patirion
Madonna delle Grázie
Città di Castiglio
ss177
Crosia
59
Cropalati
Cariati
ss383
Punta Fiume Nicà
Monte Paleparto 1481
Greca
Mandatoriccio
Trionto
Terravecchia
Crúcoli Torretta
M. Basilicò 1013
Nicà
Bocchigliero
Campana
529 Monte Lelo
Crucoli
San Francesco
Punta Alice
Longobucco
ss282
ss108ter
Cirò
Cirò Marina
Monte Pettinascura 1708
Parco Nazionale della Sila
Sila Grande
Lago di Ariámacina
Lese
56
Savelli
Melissa
Torre Melissa
ss107
ss492
Verzino
ss492
ss106
San Giovanni in Fiore
Serra Paluri 645
San Nicola dell'Alto
Strόngoli
404
Petelia
Rovale
Sila
Cerenzia
Acerentia
Casabona
Caccuri
Lago Ampollino
Belvedere di Spinello
Crotone
Lago Arvo
1881
Neto
ss107
Rocca di Neto
Bucchi
Neto
ss179
ss179
Cotronei
Santa Severina
Battistero
Monte Gariglione
1765
Parco Nazionale della Calabria
Petilia Policastro
ss107b
Marchesato
Crotone
San Máuro Marchesato
ss179d
Tirivolo
Piccola
Capo Colonna
Villaggio Mancuso
Mesoraca
Petronà
Sálica
Tempio di Hera Lacinia
Calabria
Simeri
ss109
Cutro
Sersale
Taverna
Zagarise
Tacina
Isola di Capo Rizzuto
Pentone
Soveria Simeri
ss180
Capo Cimiti
Gimigliano
Cropani
62
Catanzaro
Botricello
Capo Rizzuto
Le Castella
Cropani Marina
Capo Rizzuto
ss19
CATANZARO
La Petrizia
Riserva Marina Capo Rizzuto
Alli
Sellia Marina
13
ss106
Corace
ss384
Catanzaro Marina
Squillace
Roccelletta
Lido di Squillace
Lido di Copanello
Golfo di Squillace
54
Soverato
ss182
Ancinale
Marina di Davoli
Alaca
Sant' Andrea Apostolo dello Ionio
Badolato Marina
121
Santa Caterina dello Ionio
0
15 km
© MERIAN-Kartographie
N

A B C

9
10
11
12

A B C

118
119
121
D
E
F
9
10
11
12
S. Eufemia Lamezia
Caraffa di Catanzaro
La Petrizia
Sellia Mar
Maida
Cortale
Borgia
Golfo di Santa Eufemia
Curinga
Girifalco
Squillace
Catanzaro Marina
Roccelletta
Lido di Squillace
Lido di Copanello
Filadelfia
Polia
1013
Gasperina
Golfo di Squillace
Pizzo
Vibo Valentia Marina
Briatico
Vibo Valentia
San Vito sullo Ionio
Petrizzi
Chiaravalle Centrale
Soverato
Maierato
Hipponion
Marina di Davoli
Ancinale
San Nicola da Crissa
Cardinale
Davoli
Alaca
Zungri
Rombiolo
Sant' Angelo
Simbario
Lago d. Lacina
Brognaturo
Sant' Andrea Apostolo dello Ionio
Mileto
Soriano Calabro
Serra San Bruno
M. San Nicola 1260
Badolato Marina
Badolato
Mésima
Dasà
Arena
Santa Caterina dello Ionio
Santa Caterina dello Ionio-Marina
Nicótera
Dinami
Mongiana
Monte Pecoraro 1423
Ferdinandea
Bivongi
Cattolica
Fabrizia
Rosarno
Laureana di Borrello
M. Crocco 1276
San Giovanni
Stilo
Assi
Allaro
Monasterace
Caulónia
Punta Stilo
Monasterace Marina
Monte Seduto 1143
Riace
Convento
Riace Marina
Cinquefrondi
Gioia Tauro
Polístena
Amusa
Mámmola
Grotteria
Caulonia
910
Taurianova
Cittanova
Gioiosa Jonica
Roccella Jonica
Reggio
Varapódio
Torbido
Óppido Mamertina
Marina di Gioiosa Jonica
Novito
Cattedrale
Gerace
Siderno
Parco
Calabria
Locri
Plati
Ardore
Locri Epizefiri
1572
Careri
Aspromonte
Montalto
1955
San Luca
Bovalino Marina
Nazionale
Bonamico
Caraffa del Bianco
Bianco
Ionisches Meer
Samo
Sant' Anna
M. Lesti o Grosso 1307
La Verde
Torre di Capo Bruzzano
Capo Bruzzano
Fiumara Amendolea
Bova
Staiti
Amendolea
Palizzi
Brancaleone Marina
Il Carmine
Galati
Bova Marina
Stracia
Capo Spartivento
Costa dei Gelsomini
0
15 km
N
© MERIAN-Kartographie

Zeichenerklärung
❍ Orte
∞ Landschaft
▲ Kap, Insel, Gebirge
~ Gewässer, Strand
★ Sehenswürdigkeit
☆ Nationalpark

Hier finden Sie alphabetisch aufgeführt alle in diesem Band beschriebenen Orte und Ziele, Routen und Touren. Bei einzelnen Sehenswürdigkeiten steht jeweils der dazugehörige Ort in Klammern, bei Hotels steht zusätzlich die Abkürzung H für Hotel. Außerdem enthält das Register wichtige Stichworte sowie alle MERIAN-TopTen und Tipps dieses Reiseführers. Wird ein Begriff mehrfach aufgeführt, verweist die **fett** gedruckte Zahl auf die Hauptnennung im Band.

Liebe Leserinnen und Leser,
wir freuen uns, Ihre Meinung zu diesem Reiseführer zu erfahren. Bitte schreiben Sie uns, wenn Sie Berichtigungen und Ergänzungsvorschläge haben oder wenn Ihnen etwas besonders gut gefällt:

TRAVEL HOUSE MEDIA GmbH, Postfach 86 03 66, 81630 München
E-Mail: merian-live@travel-house-media.de Internet: www.merian.de

Der Autor

Peter Amann, geboren 1962, lebt in München und Süditalien. Er studierte Geografie und Kunstgeschichte. Neben seiner Tätigkeit als Autor leitet und organisiert er heute auch Studienreisen. Er hat mehrere Bücher zum Thema Süditalien und Sizilien verfasst, u. a. MERIAN *live!* »Liparische Inseln«. Im Internet berichtet er aktuell unter www.walksicily.de.

Alle Angaben in diesem Reiseführer sind gewissenhaft geprüft. Preise, Öffnungszeiten usw. können sich aber schnell ändern. Für eventuelle Fehler übernimmt der Verlag keine Haftung.

Bei Interesse an Karten aus MERIAN-Reiseführern schreiben Sie bitte an:
iPUBLISH GmbH, geomatics
Berg-am-Laim-Straße 47
81673 München
E-Mail: geomatics@ipublish.de

Fotos

Titelbild: »Fungo« am Capo Spulico (Peter Amann)
Alle Fotos Peter Amann außer:
F. Barbagallo 79
T. Stankiewicz 82, 83, 91

Programmleitung
Susanne Böttcher
Redaktion/Lektorat
Birgit Chlupacek/Kerstin Mattys
Gestaltung
wieschendorf.design, Berlin
Karten
MERIAN-Kartographie
Produktion
Gloria Pall
Satz/technische Produktion
H3A GmbH, München
Druck
Appl, Wemding
Bindung
Auer, Donauwörth
Gedruckt auf
Nopacoat Edition von der Papier Union

2. Auflage
ISBN (10) 3-8342-0034-4
ISBN (13) 978-3-8342-0034-1

TRAVEL HOUSE MEDIA

Ein Unternehmen der
GANSKE VERLAGSGRUPPE